中职学生安全教育

主　编	吴　成	林莉莎	
副主编	徐　柯	肖　磊	周凯江
	黄　磊		
参　编	唐天强	钟　月	蒋赟锋
	黄雅欣	高　蘅	徐文琦
	傅继婷	程　艺	李竹尔
	周小雄	喻伟林	朱新明
	王子欣	钟玲利	袁学兵
主　审	蒋红梅		

北京理工大学出版社
BEIJING INSTITUTE OF TECHNOLOGY PRESS

内 容 简 介

本书编写组积极响应国务院办公厅印发的《关于加强中小学幼儿园安全风险防控体系建设的意见》要求健全学校安全教育机制，提高学生的安全意识和自我防护能力，使安全常识成为学生的必备知识。本书从安全基本知识、走进中职校园、生命至上、健康心理、校园欺凌、网络安全、自然灾害、职业安全、国家安全九大板块构建安全教育体系，紧密结合中职学校的特点，将每节内容分为"案例导入、案例分析、知识要点、练习与思考"四个模块旨在帮助学生掌握安全必备基础知识，提升安全防范意识。

本书系重庆市教育科学"十三五"规划 2018 年重点课题"中职学生校园欺凌行为现状及防治策略研究"（课题编号：2018-07-061）的研究成果之一。

本书可作为中等职业学校的安全教育教材，也可作为广大读者安全知识方面学习的自学用书。

图书在版编目（CIP）数据

中职学生安全教育 / 吴成，林莉莎主编 . -- 北京：
北京理工大学出版社 , 2023.11
ISBN 978-7-5763-3281-0

Ⅰ . ①中… Ⅱ . ①吴… ②林… Ⅲ . ①安全教育—中
等专业学校—教材 Ⅳ . ① G634.201

中国国家版本馆 CIP 数据核字（2023）第 235390 号

责任编辑：封　雪　　　文案编辑：毛慧佳
责任校对：刘亚男　　　责任印制：边心超

出版发行 / 北京理工大学出版社有限责任公司
社　　址 / 北京市丰台区四合庄路 6 号
邮　　编 / 100070
电　　话 /（010）68914026（教材售后服务热线）
　　　　　　（010）68944437（课件资源服务热线）
网　　址 / http：//www.bitpress.com.cn

版 印 次 / 2023 年 11 月第 1 版第 1 次印刷
印　　刷 / 定州市新华印刷有限公司
开　　本 / 889 mm×1194 mm　1/16
印　　张 / 12
字　　数 / 206 千字
定　　价 / 47.80 元

党的二十大报告指出，国家安全是民族复兴的根基，社会稳固是国家强盛的前提，国泰民安是人民群众最基本、最普通的愿望。我们要坚持以学生安全为宗旨，全面增强学生的安全意识，提高校园安全综合治理水平。

生命高于一切，安全重于泰山。党中央高度关注校园安全和青少年健康成长，对保障学生的安全做出了重要部署。

保障校园安全是学生健康成长的前提，是学校发展的根基，也是社会稳定的基石。

为此，本书编写组积极响应国务院办公厅印发的《关于加强中小学幼儿园安全风险防控体系建设的意见》要求健全学校安全教育机制，提高学生的安全意识和自我防护能力，使安全常识成为学生的必备知识。本书从安全基本知识、走进中职校园、生命至上、健康心理、校园欺凌、网络安全、自然灾害、职业安全、国家安全九大板块构建安全教育体系，紧密结合中职学校的特点，将每节内容分为"案例导入、案例分析、知识要点、练习与思考"四个模块旨在帮助学生掌握安全必备基础知识，提升安全防范意识。本书系重庆市教育科学"十三五"规划2018年重点课题"中职学生校园欺凌行为现状及防治策略研究"（课题编号：2018-07-061）的研究成果之一。

本书由吴成、林莉莎担任主编，由徐柯、肖磊、周凯江、黄磊担任副主编。其中的具体分工如下：前言由林莉莎、黄磊编写，第一章由袁学兵、黄雅欣编写，第二章由徐柯、高蘅编写，第三章由黄磊、徐文琦、傅继婷、程艺编写，第四章由李竹尔、唐天强编写，第五章由吴成、钟月、周小雄编写，第六章由肖磊、喻伟林编写，第七章由蒋赟锋、朱新明编写，第八章由周凯江、王子欣编写，第九章由吴成、钟玲利编写。本书的主审工作由蒋红梅负责。

在本书的编写过程中，编者参阅了大量有关安全教育的最新书刊、网站资料，收集了近几年发生的具有警示意义的案例，参考了校园安全系列法律法规。

由于编者水平有限，书中难免存在疏漏之处，恳请广大读者批评指正。

编　者

Contents
目录

安全 一切美好的源头

第一章

第一节　重构安全意识 从入校开始

案例1：2022年3月4日，未成年学生王某（未满16周岁）驾驶二轮电动车载同校学生李某（未满16周岁）在道路上行驶，因操作不当导致电动车侧翻。李某坠地后受伤，被人送医院，抢救无效后死亡。后经交警部门认定，王某负事故的全部责任。李某父母将王某起诉至法院，要求判令王某及其监护人承担各项损失共计100余万元。

案例2：2023年6月12日7时许，一男子驾车强行进入北京市海淀区某中学校园内，下车挟持了一名学生。在此过程中，另一名学生由于被车辆剐蹭而受伤。警方迅速赶到现场处置，将犯罪嫌疑人袁某（26岁，曾在该校务工）当场控制，成功解救了被挟持的学生，并将由于剐蹭而受伤的学生送到医院治疗。二人均无生命危险（图1-1）。

图1-1　重构安全意识

案例分析

在案例1中，学生王某安全意识薄弱，缺乏交通安全常识。根据相关法律的规定，未满16周岁的未成年人不得驾驶电动车。为此，老师、家长应加强对中职学生的交通安全教育，让他们规范出行。

在案例 2 中，校园中发生的挟持学生事件十分令人震惊。这一事件对学生、家长、教育工作者、学校和社会都产生了极大的冲击，也为校园安全敲响了警钟。因此，各学校应从中吸取教训，提高校园安全防护意识。

安全无小事，学生的安全课绝不能"事后补"，无论何时何地，学校、老师、家长都应该高度重视，以确保学生的安全！

知识要点

一、安全意识的转变

进入中职院校后，学生所面临的环境和任务发生了明显的变化，因此，原有的安全意识也应有所转变，即应更加关注学生安全状况，帮助他们掌握正确的操作技能和职业健康知识。

中职学生要进一步提升自我安全意识并增强安全责任心，从"要我安全"的被动状态转化为"我要安全、我会安全"的自觉状态，绷紧安全这根弦，时刻保持警觉，拥有忧患意识、风险意识、责任意识、红线意识。

二、安全知识的储备

古人云："知己知彼，百战不殆。"只有充分了解安全知识，我们才能够有效保障个人及他人的安全。进入中职学校后，一方面，随着年龄的增长，学生思想活动的独立性、选择性、复杂性、差异性明显增强，各种新的不平衡、不和谐的因素和各种影响安全的问题不断出现；另一方面，学生面临着学习、生活、就业等一系列重大人生问题。但处于这一时期的学生社会阅历浅，如果缺乏预防和应对外来侵害的基本常识，就可能引发许多安全问题，给个人和家庭带来伤害。

中职学生在专业学习和实践中都会接触各种具体的操作活动，大家掌握相应的安全知识了吗？例如，机械专业的学生需要了解机械设备的安全操作规程，正确使用和维护机械设备的方法，以及能够识别和预防机械事故；汽修专业的学生需要掌握汽车维修操作的安全知识，如防火、防爆等；智慧养老专业的学生需要了解老年人居住环境中的相关安全知识，包括防盗、防摔等，还需要学习老年人急救知识；幼儿保育专业的学生需要了解幼儿活动场所的安全规范和幼儿保育的安全操作方法，如保持幼儿活动场所的整洁和卫生，避免幼儿受伤等。因此，各专业都要对学生进行安全事项培训（图1-2），而这些都是中职学生需要掌握和储备的必要安全知识。

图1-2 安全事项培训

三、安全技能的掌握与运用

安全技能通常包括安全生活技能、安全预防技能、安全操作技能、安全自救技能等。而作为中职学生，面对专业学习和未来就业，还需要掌握一些安全生产相关技能，这就需要通过大量的培训来强化和建立"条件反射"机制。

练习与思考

你认为中职学生应具备哪些安全意识？

第二节　安全教育的基本概述与类型

案例导入

案例：重庆市某中学邀请专业的安全教育老师为全校师生带来了一堂别开生面的紧急救助体验课。该老师为大家们讲解了心肺复苏的基本知识和动作要领，带着大家学习急救、止血、包扎、固定、搬运等基本知识。这堂体验课锻炼了学生们的应急处置能力，让他们在沉浸式互动体验教学过程中提升了紧急救助能力。

案例分析

急救教育也是安全教育的一部分，是培养学生安全意识、积累安全知识、提升安全技能的重要途径。急救教育能够让学生更深入地了解日常生活中的安全隐患，增强自我保护意识，使学生能够在意外事件中显著提高生存率，从而保护自己的生命。

知识要点

一、安全教育的主要内容

安全教育（图1-3）的内容十分复杂，覆盖社会生活的方方面面。

从具体领域上来分，安全教育的内容可以分为国家安全、交通安全、消防安全、网络安全、医药安全、人身安全、财产安全、心理健康安全、社交安全、就业安全、实习安全、实践安全、自然安全、食品安全、实验室安全、毒品安全等。中职学生安全教育的主要内容包括学习与实习安全、生活与卫生安全、网络与公共安全、交通与旅游安全等。

图 1-3　安全教育

本书主要从八部分对中职学生进行安全教育，主要内容见表 1-1。

表 1-1　中职学生安全教育的主要内容

校园安全教育	重点是进行校园设施安全教育、校园活动安全教育、校园行为安全（防打架斗殴）教育，旨在为学生提供良好的学习环境
生命安全教育	包括消防、防溺水、交通安全、财产安全、食品安全等涉及生命安全的诸多方面，旨在扩充学生的安全知识，提高安全意识
心理健康教育	旨在使学生正确认识自我，增强承受挫折、调整情绪、适应环境的能力，培养健全的人格和良好的心理品质
网络安全教育	旨在帮助学生了解网络风险、培养正确的网络行为、提高信息辨别能力，保护自己和他人的网络安全，营造健康的网络环境
自然安全教育	旨在尊重自然，帮助学生认识到自然对生活的重要性，增强灾害防范意识，培养其与自然和谐共生的意识，为可持续发展做出贡献
社交安全教育	旨在培养学生良好的人际关系，学会有效沟通，保障学生的社交安全，帮助学生在社交活动中获得积极的经验、建立健康的人际关系，提升他们的社交技能
职业安全教育	旨在增强学生的职业安全意识、提高职业技能，培养职业风险分析和管理能力等，帮助学生在职业生涯中保持安全、健康，从而提高职业安全水平和职业生活质量
国家安全教育	旨在培养学生拥有国家安全意识、扩充国家安全知识，培养法律意识，积极维护国家安全，为国家的稳定发展做出贡献

二、安全教育的类型

安全教育是将理论和实践结合起来的综合教育。

（一）开设安全教育课程

安全教育课程是最直接、最有效的安全教育途径，可以有计划、有目的地向学生传授安全知识和技能，让他们在掌握理论知识的基础上从容应对各种安全问题。

（二）学科渗透安全教育

为满足中职学生专业安全知识和技能掌握的要求，在各科的教学中渗透安全教育的内容也是一个重要方法。学生在学习中自然而然地接触安全教育，从而增强安全意识并提升应急能力。

（三）安全教育专题讲座

学校可以邀请专业人士到校进行安全宣讲，通过安全教育主题讲座的形式给学生传授专业知识（图1-4），包括人身防护、防盗、防火、防诈骗等与学生学习和生活密切相关的安全演习。

图1-4　安全教育专题讲座

（四）安全教育主题活动

学校可以通过安排班会、升旗仪式、演讲、观影、有奖竞答等多种教育形式对学生进行安全教育。同时，学校还可以充分利用校内相关社团并结合校园文化，全方位开展校园安全教育活动。

（五）参观专业机构及展览

学校可以定期带领学生参观专业机构及展览，如消防站、博物馆、大型安全展览等。通过参观，学生们可以更加直观地了解安全知识，从而对主动学习产生兴趣，使思想从"要我学"向"我要学"转变。

（六）安全问题咨询室

安全问题咨询室能够帮学生解决各种安全问题。中职学生可以随时去咨询并寻求老师的帮助，在与老师谈心的过程中倾诉自己的遭遇。

（七）在网络上宣传安全教育

随着互联网的普及，学校可以通过网络向学生宣传安全教育相关内容。此外，学校也可以开发适合中职学生的安全教育网络课程。

练 习 与 思 考

1.什么是安全？为什么要对中职学生进行安全教育？

2.进行安全教育有哪些途径？

第三节　安全教育的目的与意义

案例导入

案例1：2020年11月13日上午，河北省任丘市梁召镇西段村小学围墙因村民在校外违规操作挖掘机而发生倒塌，造成2名学生死亡，1名学生受伤。

案例2：2021年10月24日，南京航空航天大学某实验室发生爆炸，造成2名学生死亡，9名学生受伤。

案例3：2022年9月22日，湖南临澧一中的2名高一学生从学校宿舍坠亡。据调查，这2名学生当晚写下遗书，其中称因不堪学习压力而决定结束生命。

案例4：2023年6月13日下午，广西壮族自治区玉林市博白县花园区三路和花园区中路交会处因降雨而产生积水。随后，1名学生在路过时因蹚水而触电，倒在积水中。

案例分析

每天的新闻中几乎都有关于安全事故的报道，大家要重视起来。由上述案例可知，中职学生必须提升自己的安全意识，提高应对突发事件的能力，防患于未然。

知识要点

一、安全教育的目的

（一）认识安全的重要性

（1）安全是人类社会稳定与发展的重要保障，对于个人、家庭、社会和国家都有至关重要的意义。

（2）安全是人类最基本的需求。美国著名学者马斯洛把安全需求排在人的五种需求中的第二层（图1-5），可见其对人十分重要。

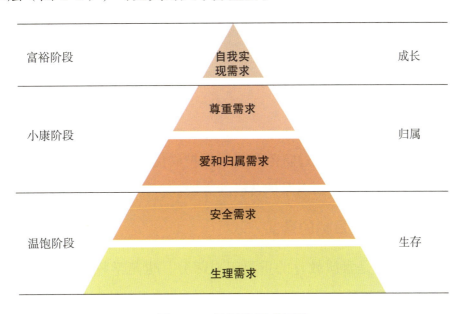

图1-5 马斯洛需求层次

（3）安全在经济社会的发展中具有重要作用，因为只有处在安全、稳定的环境中，经济和社会才能够蓬勃发展，人们的生活质量才能够提高。

（4）安全是中职学生健康成长、成才、成功的重要保障。由于心理不够成熟、安全意识薄弱、思想活跃、"精神头"较足等，中职学生极易发生安全事故，只有为他们提供稳定、安全的环境和资源，才能让他们健康成长。

（二）认识安全教育对中职学生成才的重要性

（1）校园安全教育为中职学生的健康成长提供了保障。

环境是影响中职学生成才的重要因素。学校作为社会主义精神文明建设过程中的重要一环，需要努力创造良好的环境来实现培养学生这一目标。校园安全教育不仅与中职学生的利益和健康成长密切相关，而且直接反映了校园的文明程度、校园风气、人际关系和道德水准等，能够为中职学生的健康成长提供有利的环境保障。因此，学校在进行校园安全教育时，应高度重视校园安全教育，从而为中职学生创造良好的学习和成长环境。

（2）国家安全教育为中职学生成才奠定了坚实的思想政治基础。

西方敌对势力将学校视为"渗透"与"和平演变"的重要战略目标，尤其在中青年知识分子和在校学生身上下足了功夫。他们广泛散播西方价值观，进行各种宣传和间谍活动。因此，中职学生必须时刻保持清醒，树立社会主义核心价值观，培养国家观念和爱国情怀，拥有正确的政治立场。

二、安全教育的意义

（一）掌握保障安全的本领

绝大多数安全事件是可以通过防范和自我保护避免的，因此，为降低危险、避免伤害，中职学生要掌握运用安全知识保护自己的方法。

（二）学校素质教育目标的落实

中职学生安全教育是素质教育的重要组成部分，也是学校育人工作的重要内容之一。学校开展安全教育的目的是让学生形成正确的价值观、法制意识和安全意识，增强他们的社会责任心，从而全面提高道德水平。

练 习 与 思 考

1.谈谈对中职学生进行安全教育的必要性。

2.试着找出身边的安全隐患并想出解决办法，争做安全吹哨人！

走进中职校园 未来扬帆起航

第二章

第一节　中职校园的特色与中职学生角色转变

案例导入

　　张同学，湖北省荆州市沙市区人，读初二的时候因多次打架被学校处分。后来，在家长的强烈要求下，他重返学校读书，但只过了一个学期，就又因打架而再次被学校处分。之后，他又在社会上流浪了一个月（基本没有改变，还学坏了）。其母亲担心他在外变得越来越坏，再次强烈要求他返校读书。他于2022年6月参加中考，并于9月进入某中职学校读书。张同学因在实训课堂上动手能力强，引起了老师的关注，于是他对中职学校的技能比赛也很感兴趣，还参加了技能培训兴趣班。经过一年的努力训练，张同学获得了全市技能比赛一等奖（图2-1）。

图 2-1　张同学获奖

案例分析

中职学生的年龄基本为 15 ～ 18 岁，在生理、心理和社会性上正在向成人接近，在个性上正处于易型期，由于情感和情绪的发展不稳定，表现出丰富、多变和矛盾的特点。他们思想开放、信息面广、应变能力强，有很强的自我意识，人生观、世界观和价值观正在形成。另外中职学生在初中时学习普遍能力弱，学习主动性差，基础薄弱，普遍存在以下缺点。

（1）自卑心理较强。

（2）上学动机消极。

（3）自控能力差、行为自觉性不良。

（4）中职学生心理素质差，人际交往能力弱，只有正视并接纳现实，正确地了解、认识自己，恰当地评价自己，将主观愿望与客观实际结合起来，才能站稳脚跟，完成从学生角色到职业角色的转换，为今后的发展奠定基础。

知识要点

（1）校园是学生学习生活的主要阵地，良好的校园环境对学生的健康成长发挥着熏陶作用。

中职教育为国家培养专业技能性人才。目前，我国经济政治文化全面发展，各行各业对于人才的需求已经不仅限于专业技能方面，而具有全面的职业素养成为各单位的用人标准。这种标准就是中职学校人才培养的方向，即学校应为学生创造良好的校园文化，以全面提高学生综合素质为目标，让学生提前了解社会的发展情况。

（2）特色校园文化对中职学生职业化发展的深层影响不容忽视。特色校园文化对于中职教育来说具有极为重要的作用，而中职教育的发展能够为社会提供更多的优秀人才，有助于加快各行各业建设的速度。在发展过程中，有特色的校园文化能够让学生的综合能力稳步发展，并让学生的视野更开阔。

应对措施

一、转变求职观念，明确学业目标

中职学生一进入学校，就应该接受学校的职业生涯规划教育。首先，学校要帮助学生正确分析自我，明确"我是谁""我想干什么""我能干什么"；其次，学校要帮助学生了解社会发展的需求，要有目的的学习。最后，学校还应鼓励学生在校学习期间考取各类技能证书，提升求职时的竞争优势。

二、正确评估自己，改变社会偏见

传统观念认为，中职学校毕业生毕业后没出路，就业难、待遇低、条件差。但如今的中职学生就业形势很好，不少学生还走上了创业的道路。

三、参加社会实践，提高自身能力，为顺利就业积累经验

部分中职学生由于一毕业就要参加工作，往往处于茫然状态，因此，在校期间就应该多参加社会实践和职业活动同时了解社会、了解职业，这有利于提高自己的社会适应能力。只有掌握了一技之长，中职学生将来才可能拥有一份较为理想的工作。

第二节　遵规守纪　做文明中职学生

案例导入

案例1：某天下午，肖同学打算去图书馆看书。为了抢占先机，他上午便将书本放在座位上。下午，先到达图书馆的刘同学看到桌上放着书本却没有人，就挪开书本径自坐下。肖同学到了之后，看到自己占的座位被刘同学坐了，就生气地找刘同学理论，问他为什么把书挪开，还理直气壮地开始闹事。随后，两人发生了争执，被图书管理老师及时制止了（图2-2）。

图2-2　在图书馆争执

案例2：某校学生中午在食堂分批次就餐。李同学在排队时看见同班同学排在队伍的最前面，就过去想要插队。后面的同学发现后说了他几句（图2-3）。脾气暴躁的李同学心里很不舒服，跟对方争执起来，幸好被其他同学制止并告知了班主任老师。

图2-3　在食堂争执

案例分析

案例 1 中的肖同学认为用书本占座不是违纪行为，还理直气壮地和同学理论；案例 2 中的李同学忽视了插队行为是违反学校纪律的。学校里有那么多学生，如果大家都不遵守纪律，上课时乱说话、随意迟到，在各种场合乱插队，就会影响别人的学习和生活，而在这样的环境中，大家就会丧失前进的动力，逐渐失去上进心。因此，不遵守纪律的同学不仅会影响自己和别人，也会破坏学校团结、和谐的气氛。

知识要点

文明礼仪不仅体现了个人的教养和风度，也体现了个人对社会的认知水准。因此，大家要有辨别文明礼仪好坏的能力，争取做讲文明、知礼仪的人。

荀子曰："国无礼则不正。"孟子曰："君子以仁存心，仁者爱人，有礼者敬人。"孔子曰："克己复礼。"儒家经典的核心就是"文明礼仪"（图 2-4）。

图 2-4 文明礼仪

爱人者人恒爱之，敬人者人恒敬之。做人要有仁爱之心，只要人与人之间多一些宽容与理解，就没有化解不了的矛盾。

一、养成文明礼仪

礼仪是一种美德，通过一个人的礼仪就可以看出其品德。想要更好地掌握礼仪知识，提升文明礼仪修养，学习传统文化必不可少。中职学生只有继承优秀传统文化，才

能实现文明礼仪教育的目标，也只有这样，才能提高自己的综合素养，从而获得全面发展。

二、纠正不文明行为

和老师顶撞，不尊重老师；破坏校内公共设施和设备；在课堂上随意说话、睡觉、不遵守课堂纪律等行为不仅违背了中职学生最基本的日常行为规范，还严重破坏了个人形象。作为中职学生，我们应该从身边的每件小事做起，杜绝不良风气，在弘扬传统文明礼仪的基础上发展新的文明。

应对措施

一、冷静克制，切莫莽撞

有一副颂扬大肚弥勒佛的对联："大肚能容，容天下难容之事；开口便笑，笑世间可笑之人。"这表明，无论争执由哪方引起，大家都要持冷静态度，尽量避免情绪激动、莽撞行事。而对于同学间发生的摩擦，只有宽容待人，才能真正解决问题。

二、诚实谦虚，宽容待人

诚实、谦虚是加强团结、促进友谊的基础，也是化解矛盾的灵丹妙药。因此，同学们在与别人相处的过程中应与人为善，常怀诚敬之心，做谦恭有礼之人。

三、措辞文雅，互相尊重

学生之间的纠纷多数由恶语伤人引起，因此，大家说话时要和气，以理服人，不可恶语伤人；用词要文明，不说粗话、脏话；沟通时要尊重对方，不可盛气凌人。

第三节 注意设施安全

2005年1月7日下午，厦门某中学学生王某在足球场上玩耍时，助跑跳起并反手抓住足球门框做引体向上，导致其坍塌。散落的铁架砸伤了王某，送医院检查后，确其颅脑为重度开放性损伤（图2-5）。

图 2-5 王某受伤

案例分析

案例中的足球门框属于学校的公共设施。中职学生在运动前要了解运动设施设备器材的正确使用方法，还要检查设施设备是否正常，如果发现设施设备损坏，应及时向教师报告。与此同时，学校应该定时检查校园设施的损坏情况并及时更换（图2-6）。案例中的王某抓足球门框做引体向上属于没有正确使用校园设施，这才导致惨剧的发生。

图 2-6 注意安全

校园设施安全知识

（1）充分认识加强教学设备、设施安全管理的重要性，每次使用之前，中职学生都要根据相关要求检查教学仪器设备，如果出现故障要及时向教师报备；每次使用结束后，应按要求将设备、物品安全归位。

（2）学校设施包括教学楼、宿舍楼、实训楼、道路、体育场地和体育器材、机房、食堂等（图2-7）。中职学生在使用设施时，要牢固树立"安全第一"的意识，遵循使用规范，认真接受学校和老师对设施使用的教育；若发现有的同学不按规定使用设施，大家要及时劝阻并向教师报告，还要提醒该同学注意安全。

图2-7　安全使用设施

应对措施

（1）多学习安全相关知识，不携带易燃、易爆的等危险物品，如打火机、鞭炮、烟花、剪刀、刀子等。不玩仿真刀枪等危险玩具，不模仿危险动作，要做到预防在先，从而确保生命安全。

（2）在楼梯上、楼道中要靠右慢行、不推挤（图2-8）；在食堂、礼堂等人多场所不可拥挤，要讲究秩序，不要将身体探出窗外或护栏外，更不能爬到高处玩耍。另外，还不能逞强登高，如擦玻璃、爬树、爬围墙、爬校门等。

图2-8　讲究秩序

第四节 注意活动安全 防范校园踩踏

案例导入

2017年6月1日下午3时许，组织完"六一"活动的河南某小学按原计划放学。在下楼梯的过程中，1名学生不慎跌倒，骤然引发了踩踏事故。该事故共造成22名学生受伤，且有5名学生伤势较重，其中1名学生在被送往医院的途中死亡（图2-9）。

图2-9 校园踩踏

案例分析

该案例中踩踏事故的发生原因是学校没有错峰放学，也没有及时预判学生们在活动结束后由于情绪高涨而出现下楼时蹦蹦跳跳的情况，从而使踩踏事故发生了。

知识要点

一、踩踏事故

踩踏事故是指在聚集集会过程中（尤其是在整个队伍产生拥挤、移动时），后方不明真相的人在前方有人不小心摔倒后仍保持前进动作，踩踏了摔倒的人，造成恐慌，使拥挤程度加剧，导致摔倒人数不断增加并恶性循环的意外事故。

在踩踏事故中，人的胸腔可能会被挤扁并因此而无法呼吸，遇难者多为窒息而亡。

二、学校踩踏事故的高发地

在校园中，楼梯、走廊、转弯处、宿舍、食堂的进出通道都极易发生踩踏事故。

应对措施

（1）不在楼梯或狭窄的通道中嬉戏打闹，在人多的时候不拥挤、不起哄、不制造紧张或恐慌气氛。

（2）尽量避免在拥挤的人群中行走，万不得已时，也要尽量顺着人流走或走在人群边缘。

（3）发觉拥挤的人群向自己的方向走来时，应立即避到一旁，不要慌乱，也不要奔跑，要避免摔倒。从障碍物少、人员少的方向选择合适的时机离开，尽量不出现在人群集中的地方。

（4）抓住紧靠墙壁的栏杆，沉着镇定、动作缓慢，不要有任何推搡动作。当楼梯拥挤时，应尽量靠近墙壁或抓住楼梯栏杆，以免造成拥挤。

（5）若不幸被人群拥倒，要设法靠近墙角，将身体蜷成球状，用双手紧紧地环抱住颈部、胸部的后方，使头部、颈部和胸部都得到保护。

（6）一旦发现人群中有人摔倒，要马上喊话，以引起其他人员的重视。接下来，大家在能够确保自身安全的前提下应停止前进，尽量把倒下的同学扶起来。

生命至上 防护第一 第三章

第一节 消防安全 未雨绸缪

案例导入

　　2023 年 4 月 18 日 12 时 57 分，北京某医院住院部东楼发生火情，消防、公安、卫健、应急等部门赶赴现场实施救援。13 时 33 分，现场明火被扑灭。15 时 30 分，现场救援工作结束。4 月 19 日中午，北京市人民政府新闻办公室举行某医院火灾事故情况通报会，共疏散转移患者 71 人。由于火势太大，再加上部分病人因年龄高、行动不便等，最终导致 29 人不幸遇难，其中 26 人为住院患者，另 3 人分别为 1 名护士、1 名护工和 1 名患者家属。北京市消防总队副总队长赵洋表示：经初步调查，事故由医院住院部内部改造施工作业过程中产生的火花引燃现场可燃涂料的挥发物引起。4 月 19 日，该医院相关负责人、施工负责人等 12 人被刑拘。

案例分析

　　在该案例中，施工过程中小小的火花引燃了现场可燃涂料的挥发物，造成 29 人死亡的严重事故。因此，只有了解造成火灾的原因并掌握正确的逃生方法，才能将危害降至最低。

知识要点

一、火灾的定义

火灾是指在时间或空间上失去控制的燃烧所造成的灾害。

二、引发火灾的常见原因

（1）电气设备故障。

（2）吸烟丢弃烟头引燃可燃物。

（3）生活用火不慎。

（4）生活用电不慎。

（5）生产作业不慎。

（6）玩火。

（7）雷击等自然灾害。

三、校园发生火灾的主要原因

（1）违反学校管理制度。例如，违规使用电器、私自乱接电源、擅自使用炉具、肆意焚烧杂物、违规使用蜡烛、随意燃点蚊香、胡乱丢弃烟头等（图3-1）。

（2）消防安全意识淡薄。

（3）消防基本知识贫乏。

图 3-1　火灾危险

应对措施

一、火灾中疏散与逃生的基本原则

（1）抓紧时机，迅速撤离。

（2）自救与互救相结合。当被困人员较多，特别是有生病或残疾同学在场时，要主动、积极地帮助他们先逃离危险区。

（3）自救与抢救相结合。在火灾发生之初，若不及时处理，可能会造成巨大的人员伤亡或财产损失，在保障自身安全情况下，可采取相应的扑救措施消除险情。

（4）当逃生通道被大火封死后，要注意保护自己，等待救援人员开辟新的逃生通道。

二、火灾中疏散与逃生方法

（1）安全出口要记牢。为了确保自身安全，同学们务必留心学校教学楼、实验楼及住宅区等场所的疏散通道、安全出口和楼梯方位等，以便在关键时刻尽快逃离火灾现场。

（2）消防通道要畅通。楼梯、过道等是火灾发生时最重要的逃生之路，切不可堆放杂物、停放自行车或拉绳挂衣物，以便发生火灾时人员能安全、迅速通过。

（3）临危镇定辨方向。突遇火灾时，面对浓烟和烈火要保持镇静，应迅速判断危险地点和安全地点，选择正确的逃生方向。

（4）简易救护不可少。在火灾中，真正被烧死的人极少，大多数人窒息而死。为防止火场浓烟呛人、中毒、窒息，可采用毛巾、口罩蒙住口鼻，匍匐撤离，即先向头部、身上浇水，再穿过烟火封锁区（图3-2）。

图3-2 穿过烟火封锁区

（5）逃生切莫乘电梯。按规范标准设计建造的建筑物，都会有两条以上的逃生通道。当火灾发生时，要根据情况选择进入相对比较安全的楼梯通道逃生。在高层建筑中，电梯的供电系统在火灾中随时会断电或因受热的作用发生变形，然后将人困在里面。因此，千万不要乘电梯逃生。

（6）火已烧身莫奔跑。如果发生火灾，身上着火时，千万不可奔跑或用手拍打，奔跑或拍打时会形成风势，加速氧气的补充，使火势更旺时，应赶快设法脱掉、就地打滚来压灭火苗或跳入水中灭火；也可让别人向自己身上浇水。

（7）发出信号求援助。当被烟火围困无法逃避时，应尽量待在阳台、窗口等易于被人发现和能避免烟火近身的地方并及时发出有效的求救信号，引起救援人员的注意（图3-3）。

图3-3　发出有效的求救信号

（8）迫不得已跳楼逃生。只有在消防人员准备好救生气垫并指挥跳楼时，或楼层不高、不跳楼即烧死的情况下，才可采取跳楼的方法。注意跳楼也要讲究技巧，应尽量往救生气垫中部跳或往水池、软雨篷、草地等地方跳。如果有可能，要尽量抱着棉被、沙发垫等松软物品或打开大雨伞跳下，以缓解冲击力。徒手跳楼时，一定要先扒住窗台或阳台使身体自然下垂再跳下，以尽量缩短降落距离。在落地前，要双手抱紧头部，身体弯曲蜷成一团，以减少伤害。跳楼虽然可以逃离火灾现场，但可能会对身体造成不同程度的伤害，大家尽量不要这样做。

三、报警时正确操作步骤

（1）拨打火警电话（119），说明发生火灾的单位、地址、楼层、周围明显的建筑标志（图3-4）。

（2）说明燃烧的物品种类，如是否属于化学原料等。

（3）说明火势情况，如是否看得见火光，有多少个房间着火、冒烟等。

（4）口齿清楚，一定要回答119接线员的所有问题，待听到对方说可以放下听筒时，再挂断电话。如果有可能，应派人到主要路口引导消防车辆，使其尽快赶到现场。

图 3-4　拨打火警电话

四、常见干粉灭火器的使用

应选择在燃烧点上风方向喷射，一手紧握喷枪；另一手拉起储气瓶上的开启提环，然后对准火焰的根部扫射。

练 习 与 思 考

1.报火警时应该着重表达哪些基本信息？

2.至少写下发生火灾时疏散与逃生的 6 个正确方法。

第二节　预防溺水　珍爱生命

案例导入

　　2022年7月17日下午，河北省邯郸市4名少年在河边玩耍时失联。7月18日晚上，4名少年相继被打捞上岸，均已无生命体征。4名少年均为十三四岁，其中还有一对双胞胎。

案例分析

　　在该案例中，看似平静的河水藏着安全隐患，但孩子们并不了解溺水的风险，再加上家长疏于监管，就很容易发生溺水事故。我国河流、湖泊等资源丰富，而一些河流表面看似水流平缓，下面的情况却很复杂。在深潭中，往往底部水流速度比水面快，形成向下的吸力，一旦应对不及时，就可能溺水。所以，中职学生要有预防溺水的安全意识，不能在没有家长陪同的情况下私自下水游泳。

知识要点

一、溺水

　　溺水（图3-5）是指人淹没于水或其他液体介质中并受到伤害的状况：首先，水充满呼吸道和肺泡引起缺氧窒息；其次，进入血液循环中的水使血液的渗透压发生改变使电解质紊乱，导致组织受到损伤；最后，人由于呼吸停止和心脏停搏而亡。

图 3-5　溺水

溺水后，人常出现头痛、剧烈咳嗽、胸闷、呼吸困难等症状，严重者还会神情恍惚、视力下降，甚至呼吸急促或停止、心律失常、心音微弱乃至消失。这是常见的意外事故，危险性很高。

二、游泳安全卫生须知

1. 明确自身的健康状况

游泳馆属于公共场所，所以，为了自身和他人的健康，大家在游泳前要对自身的健康状况有所了解。专家建议，患有高血压、心脏病、各种传染病，以及有开放性创伤者均不宜游泳。

2. 做好充分的准备活动

下水前，应做好充分的准备活动，通过慢跑、徒手操及各关节的充分活动，确保韧带及肌肉充分拉伸，提高各关节的活动度，避免肌肉由于过于紧张拉伤或抽筋。另外，下水前可以用水擦拭身体，让身体适应后再下水。

3. 选择适宜的游泳时机

游泳运动时应确保水温在 20℃以上，因为过低的水温易造成能量消耗过大、抽筋等问题的出现。另外，由于游泳时的能量消耗较大，不宜空腹游泳，应先少量摄入食物，半小时后再游泳，且不要在酒后游泳。注意，女生在月经期间不宜游泳。

应对措施

一、自救

溺水时应保持冷静，大声呼救；在水中仰卧，手臂不动；呼吸通畅，深吸浅呼。

当下肢在水下抽筋时，以同样的方式进行自救的同时，勾脚尖，以缓解症状；如果脚被水草缠住，可以深吸一口气潜入水下，迅速将缠住脚的水草解脱，然后寻来路返回；如果遇到巨大的漩涡，应以最快的速度沿其切线方向游离漩涡中心，千万不能使用直立踩水的姿势。

二、预防下肢抽筋（图3-6）

（1）游泳前，一定要做好暖身运动。

（2）游泳前，应考虑身体状况，不舒服时不要游泳。

（3）游泳前，先往四肢上撩些水，再跳入水中。

（4）游泳时，如果胸痛，可用力按压胸口，稍好后再上岸；当腹部疼痛时，应尽快上岸，最好喝一些热饮，以保持身体温暖。

图3-6 下肢抽筋

三、坚决做到"七不三要"

1. "七不"

（1）不私自下水游泳。

（2）不擅自与他人结伴游泳。

（3）不在没有家长或教师陪同的情况下游泳。

（4）不到没有安全设施、无救援人员的水域游泳。

（5）不到不熟悉的水域游泳。

（6）不私自到江河、湖泊、水库、堰塘、水井边玩耍。

（7）不熟悉水性的同学不要擅自下水救人。

2."三要"

（1）要在家长或长辈的陪同下游泳。

（2）要在有防护设施和救援人员的正规游泳场所游泳。

（3）见到同伴溺水，要大声呼救并立即寻求成人帮助，不能用"手拉人"等方法盲目施救。

四、预防溺水顺口溜

预防溺水很重要，安全教育要记牢。

自救自护要学会，自律自控要记好。

私自游泳很危险，不去深水很重要。

擅自结伴不能保，大人陪护不能少。

没有救援不要去，陌生水域不可靠。

水性差的不救人，安全"七不"别忘掉。

练 习 与 思 考

1.溺水时应如何自救？

2.游泳时应如何预防下肢抽筋？

第三节 交通安全 时刻谨记

2020年6月13日，安徽省宿松县一名初二学生驾驶其父亲的摩托车在快速通过路口时与一辆轿车发生碰撞。该起事故造成其当场死亡（图3-7）。

图3-7 车祸

在此案例中，学生未满18周岁便驾驶摩托车且未佩戴头盔，也没有及时观察路况。该学生安全意识淡薄，判断能力差，而且存有侥幸心理，对交通规则不屑一顾。涉及中小学生的交通事故主要来自两方面：一方面是学生骑车肇事；另一方面是学生被机动车撞了。不论哪方面出问题，学生付出的代价都是惨痛的。

知识要点

交通标志（图 3-8）包括警告标志、禁令标志、指示标志、指路标志，用一定的形状、颜色、符号组成的标志牌，埋设于道路两边或架设于道路上方，作用是向车辆驾驶员和行人传递道路或交通管理信息。如果了解它们的意思之后，大家就能掌握道路或交通有关情况。

交通标志分为主标志和辅助标志两大类。主标志的作用为警告、禁止、限制车辆与行人或指明方向。辅助标志位于主标志下方，对主标志进行辅助说明。

图 3-8　交通标志

应对措施

学生在出行时应掌握基本的交通安全知识，认真遵守交通法规，如排队上下车（图 3-9），要有强烈的自我保护意识，这样可以大幅降低交通事故发生的概率。

图 3-9　排队上下车

一、预防交通安全事故

（一）增强交通安全意识

不管是校内还是校外，发生交通事故最主要的原因是人们思想麻痹、安全意识淡

薄。遵守交通法规是最起码的要求，若没有交通安全意识，很容易有生命之忧。

（二）自觉遵守交通法规

1. 行走、过马路

在道路上行走时，要走人行道；对于没有人行道的道路，要靠路边行走。集体外出时，最好有组织、有秩序地列队行走；结伴外出时，不要相互追逐、打闹、嬉戏；行走时要注意周围情况，不要东张西望、边走边看手机或做其他事情。在没有交警指挥的路段，要避让机动车辆，不与机动车辆争道抢行。

2. 乘坐机动车

乘坐公共汽车，要排队候车，按先后顺序上车，不要拥挤，要坐稳扶好。不要把汽油、爆竹等易燃易爆的危险品带进车内。乘车时不要把头、手、胳膊伸出车窗外；也不要向车窗外乱扔杂物。乘坐小轿车、微型客车时应系好安全带。

3. 骑自行车

骑自行车时，要在非机动车道上靠右边行驶，不逆行；转弯时不抢行猛拐，要提前减慢速度，看清四周情况，以明确的手势示意后再转弯。经过交叉路口时，要减速慢行，注意来往的行人、车辆。骑车时，不要双手撒把，不多人并骑、互相攀扶，不互相追逐、打闹；不要攀扶机动车辆，不带过重的东西，不带人，不戴耳机听音乐。

4. 严禁骑摩托车

首先，学生无证驾驶机动车属违法违规行为。《中华人民共和国道路交通安全法》规定，驾驶机动车应依法取得机动车驾驶证。按照《机动车驾驶员管理办法》中的规定，年满18周岁的成年人才能办理机动车驾驶证。中职学生由于年龄太小，均没有经过公安交警部门培训、考试取得驾驶证，因此驾驶机动车属违法行为。其次，中职学生在行驶时遇到突发情况往往处置不当，极易酿成交通事故。中职学生驾驶机动车发生交通事故的，由本人承担事故责任，由家长等监护人承担事故的民事责任。

（三）增强自我保护意识

中职学生除了掌握基本交通安全知识，认真遵守交通法规外，还必须充分认识交通事故的破坏性和危险性，提高自我保护意识。

二、交通事故的处理

（1）在校内发生交通事故时，学生应及时报学校保卫部门和班主任老师。当发现有人在学校内部发生交通事故后，要先对当事人进行急救，并立即报学校保卫部门和交通部门。接下来，还要及时与学生所在班级的班主任老师取得联系，由班主任老师及时联系学生家长。若对学生造成轻微生命财产损失，应由学校出面协商处理医治、赔偿等相关事宜。

（2）保护现场。由于学校人员流动性大，现场易被破坏，发生交通事故后，同学们要发动周围的同学帮忙进行必要的记录，并将个人信息告知大家，以便于获得帮助。

（3）控制肇事者。发生在学校内部的交通事故由于人流量比较大，肇事者逃逸的可能性就降低了。当事人可以通过呼喊等方法寻求路人的帮助，将肇事者控制住。学生应先不与其激烈争执，以避免发生冲突，等学校保卫部门、交警和老师到达后帮忙处理。

（4）在校外道路上发生交通事故的处理方法与校内的大致相同，应及时拨打122报案，千万不能与肇事者"私了"。另外，还需要保护现场并控制肇事者，然后及时与学校联系。若未造成人身伤亡，学生对事实及成因无争议的，可以撤离现场，恢复交通；对于造成轻微生命财产损失，且基本事实清楚的，学生应请路人帮忙拨打120将自己送往医院检查、治疗，再请学校出面处理有关事宜。

练 习 与 思 考

1. 如何预防交通事故的发生？

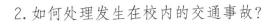

2. 如何处理发生在校内的交通事故？

第四节　财产安全　不可忽视

　　2023 年 3 月 21 日，桃花坪派出所接到某县第一中学一位老师报警，称一夜之间，学校内多个班级的学生钱财被盗，在学生群体中引起了恶劣影响。民警在调查后发现该案是一名年轻男子所为，其作案时戴上口罩、帽子在教学楼内使用暴力破锁等方式进入教室，大肆盗窃学生财物后迅速逃离现场。3 月 23 日早上 7 时许，桃花坪派出所接到报案，称某县第一中学又有多名学生钱财被盗。经比对，民警确认是同一名犯罪嫌疑人所为。此人短短三日内连续两次在同一地点作案，办案民警持续循线追踪，终于发现了犯罪嫌疑人的行踪。最后，犯罪嫌疑人黄某被民警成功抓获，部分被盗财物也被追回。

案例分析

　　校园本该是学生学习生活的象牙塔，然而却有一些人利用孩子们不设防的心理，将犯罪的黑手伸向了他们的口袋。学生由于法律意识淡薄，思维比较简单，对财物的保管比较大意，防范意识不强，给了不法分子可乘之机。

知识要点

一、盗窃

　　校园盗窃案件的主要形式有三种，即内盗、外盗、内外勾结盗窃。在一般的校园盗窃案件（图 3-10）中，实施盗窃前有预谋、有准备，且同学间没有防备心，往往将个人物品随便放置，还会将贵重物品放在柜子里却不上锁，这使盗窃极易得手。他们在盗窃现场通常遗留痕迹、指纹、脚印、物证等，盗窃手段和方法常带有习惯性。他们再次作案时往往存在侥幸心理，极易屡屡作案，从而形成一定的连续性。

图 3-10　校园盗窃案件

二、抢劫

抢劫是一种用暴力抢夺他人财物的行为。拦路抢劫则是在路上对被抢劫者使用暴力或非暴力手段夺取他人财物的行为。有些歹徒公然在光天化日之下拦路抢劫，甚至还行凶。这说明，抢劫已对人民群众和广大学生的生命与财产安全构成了严重威胁。

三、传销

传销（图 3-11）是指组织者或者经营者发展人员，通过对被发展人员及其直接或者间接发展的人员数量或者销售业绩为依据计算和给付报酬，或者要求被发展人员以缴纳一定费用为条件取得加入资格等方式获得财富的违法行为。传销的本质是"庞氏骗局"，即用后来者的钱发放先来者的收益。现在的新型传销不限制人身自由，不收走身份证、手机，也不集体上大课，而是以"资本运作"为口号拉人骗钱，利用开豪车、穿金戴银等目标吸引人们加入，最后让大家血本无归。

图 3-11　传销

应对措施

一、遭遇盗窃时的应对措施

1. 应对校园盗窃

（1）当自己的财物被盗时，不要惊慌失措，要沉着冷静，仔细回忆相关线索；同时，还要注意保护现场，寻找有力证据。

（2）及时向学校保卫处报案或拨打 110 报警。

（3）如果发现自己的手机、证件、银行卡等被盗，应立即挂失，避免产生更多的损失。

（4）如实回答民警的提问，力求全面、准确。

（5）积极向民警说明情况，及时反映线索并协助破案。

2. 增强防盗意识

（1）临危不惧，培养科学防盗意识。

（2）遵纪守法，遵守学校安全规定。

（3）谨慎交友，防止成为盗窃帮凶。

（4）注意钱财，随身携带贵重物品。

（5）离开宿舍，养成随手锁门习惯。

（6）公共场合，注意保管自身财物。

二、遇到抢劫时的应对措施

1. 抢劫应对措施

一保持，二克服，三分析，四应对。

（1）保持，精神镇定，心里平静。

（2）克服，畏惧心理，恐慌情绪。

（3）分析，所处环境，双方力量。

（4）应对，不同情况，不同对策。

2. 注意事项

遭遇抢劫时，应大声疾呼向人求助，或者向有人、有灯光的地方，以及宿舍区奔跑。当处于犯罪嫌疑人的控制之下无法反抗时，可按犯罪嫌疑人的需求交出部分财物使自己不受伤害。要保持镇定，可以与犯罪嫌疑人说笑，采用幽默的方式表明自己已交出全部财物，并无反抗的意图，使其放松警惕，看准时机逃脱控制并及时报警。同时，还要注意观察犯罪嫌疑人，尽量准确地记下其特征，如身高、年龄、体态、发型、衣着、胡须、疤痕、语言、行为等。在校外被抢劫的学生要及时到附近派出所报案。

三、面对传销时的应对措施

1. 传销应对措施

（1）非法传销，害人不少。

（2）传销组织，给人"洗脑"。

（3）就业创业，高额回报。

（4）误入传销，害人不少。

（5）实习求职，避免中招。

2. 防止被骗误入传销组织

（1）外出实习的学生应严格遵守学校的实习纪律，未经许可，不得擅自离开实习单位。确有特殊情况要离开实习单位的，必须先向学校招生就业处说明情况并在征得相关负责人同意后方可离开实习单位。

（2）在校外实习或求职的学生应注意安全，一旦遇到侵害，应及时向实习单位求助或到当地派出所报案。

（3）在校外实习或求职的学生应注意加强自我保护意识，不要轻信他人的谎言——"到我这里来上班，工作轻松，待遇又好……"，如果你轻易相信类似的谎言，就很容易被人引诱加入传销组织。

第五节　谨防食物中毒

案例导入

2011年9月7日，松江区某幼儿园中的27名幼儿出现恶心、呕吐等症状，并前往医院就诊。经治疗后，幼儿均已痊愈。根据现场调查和实验室检测结果可知，该幼儿园9月5日至7日的多件留样食品、多件保温桶中饮用水，以及食品加工处理区、备餐间、开水烧制间、教室饮水间等均检出蜡样芽孢杆菌。相关人员进行现场卫生学调查时发现，该幼儿园9月7日午餐供应的水饺是自行加工的，且包馅时在粗加工区域操作，存在交叉污染隐患。

案例分析

食物中毒是指摄入了含有生物性、化学性有毒有害物质的食物，或把有毒有害物质当作食物摄入后出现的非传染性疾病。该案例是一起由于食堂存在多环节广泛污染的情况，且食品加工过程存在交叉污染的不规范操作而引发的食物中毒事件。

知识要点

一、食物中毒的概念

食物中毒患者所进食物被细菌或细菌毒素污染，或食物含有毒素而引起的急性中毒性疾病（图3-12），不包括由暴饮暴食引起的急性肠胃炎、寄生虫病、经饮食肠道传染的疾病、一次大量或长期少量多次摄入某些有毒、有害物质引起的慢性毒害为主要特征的疾病。

图3-12　食物中毒

二、常见的食物中毒的类型

（1）细菌性食物中毒。

（2）真菌性食物中毒。

（3）化学性食物中毒。

（4）动物性食物中毒。

（5）植物性食物中毒。

（6）不明性食物中毒。

三、食物中毒的特点

（1）发病时呈爆发性，且潜伏期短、来势急、短时间内可能有多人发病。

（2）中毒的人一般有相似的临床表现：恶心呕吐、腹痛腹泻等消化道症状。

（3）发病与食物有关。

食用过同样的食物，发病范围局限在食用该有毒食物的人群，在停止食用该食物后，中毒便很快停止。发病曲线突然上升后突然下降，无余波。

（4）食物中毒的病人对健康人不具有传染性。

（5）有明显的地区性和季节性。

①肉毒梭菌食物中毒多发生在新疆地区。

②副溶血性弧菌食物中毒多发生在沿海地区。

③霉变甘蔗和酵米面食物中毒多发生在北方。

④全年皆可发生，夏秋季是细菌性食物中毒的高发季节，尤其是在秋季。

四、食物中毒的症状（图3-13）与危害

1. 消化系统

消化系统食物中毒可导致阵发性腹痛、恶心、呕吐、腹泻等症状。

2. 神经系统

神经系统食物中毒可导致头痛、头晕、乏力、反应迟钝等症状，还可能影响视力和呼吸。

图3-13　食物中毒的症状

应对措施

一、预防食物中毒的选购妙招

1.看包装

产品的包装应严密无损且商标内容完整，品名、厂名、厂址、净重、主要成分、生产日期和保质期等清晰可见。

2.看色泽

产品的色泽应与品名相符，若其颜色过于鲜艳，不自然，可能是添加了过量色素所致，不要购买和使用。

3.闻香味

产品的香味应与品名相符，应香气柔和，无刺鼻气味，若有异味，则表明已变质。

4.品滋味

产品滋味应酸甜适宜，不得有苦味、涩味、酒味（含酒精饮料除外）。

二、食物食用"五要点"

（1）保持清洁：拿食品前要洗手，准备食物期间要经常洗手，便后要洗手；清洗和消毒用于准备食物的所有场所和设备，避免虫、鼠等进入厨房和接近食物。

（2）生熟分开：生肉、禽和海食品要和其他食物分器皿存储，以避免生、熟食物互相接触。

（3）食物要彻底做熟：肉、禽、蛋和海产品要彻底做熟才可食用，对熟食进行再次加热时要彻底。

（4）保持食物的安全温度：由于熟食在室温下存放不得超过2小时应及时冷藏（最好在5℃以下）；冷冻食物不要在室温下化冻。

（5）使用干净的水和原材料：要将水果和蔬菜洗干净，不吃超过保质期的食物。

三、急救处理

由于缺乏食品卫生知识，学生误食、误用有毒物质导致食物中毒事件时有发生。所以，了解一些救治食物中毒者的措施非常重要（图3-14）。

（1）催吐：对进食后不久的中毒者，如未呕吐，则应该催吐。可用手指、筷子等物刺激咽后壁催吐，吐后可先饮些温开水再催吐，以此法达到洗胃的目的。

（2）中毒者如能饮水，应该多喝些盐水、糖茶和食盐汽水，以补充由于吐、泻而丢失的水分和盐分。

（3）如果发现中毒者出现休克症状，如手足发凉、面色发青、血压下降等，应让他们平卧，尽量抬高双下肢，以促进重要脏器的血液循环，并注意保暖，以降低机体耗氧量。

（4）在中毒早期，如吐、泻严重，应禁食8～12小时，待病情稍好转后可吃易消化的物，如面条、稀饭等，且在身体恢复后的5天内不吃油腻食物。

图3-14　救治食物中毒者的措施

练习与思考

1.选择题

在下列选项中，由于食材保存不当、烹调不当、生熟没有分开或食用隔夜的剩饭、剩菜导致的食物中毒是（　　）。

A.细菌性食物中毒　　　B.真菌性食物中毒

C.动物性食物中毒　　　D.植物性食物中毒

2.填空题

若发现中毒者出现休克症状，如手足发凉、面色发青、血压下降等，应让他们_____，_____双下肢。

第六节 防范黄赌毒 远离烟酒

案例导入

在上中学前，小李的表哥就教他吸烟。小李认为这是成熟的表现。有一次，他看见表哥把一些白色粉末状的东西放进香烟里，吸后眯着眼一副享受的样子。表哥告诉他，这是好东西，吸一口舒服极了。强烈的好奇心驱使他吸了第一口烟（图3-15）。从此，小李一发不可收拾，吸低了成绩，吸坏了身体，最后跌进了犯罪的深渊。

图3-15 吸含有毒品的烟

案例分析

无知、好奇是青少年吸毒的重要原因，一项调查表明，在青少年吸毒者中，80%以上的人是在不知道毒品危害的情况下吸毒成瘾的，有的则是抱着试一试的念头，岂料再也不能自拔，于是为筹钱实施犯罪行为，最终被绳之以法。有的女孩听说吸毒可以减肥，就去尝试，结果生命逝去的速度比体重减轻的速度还要快。年轻的我们不能抱着好奇的念头，认为"吸一口不要紧"。在毒品面前放任自己的好奇心，就好比在悬崖边抬脚试探崖底有多深一样危险。

知识要点

一、黄色污染的危害（图 3-16）

"黄"是指通过金钱利益引诱女（男）性卖身并利用网络和书刊的方式进行传播，以此来达到他们捞取暴利的目的。青少年正处于生长发育和学习知识阶段，对于社会上各种现象、事物认识不清晰，一旦接触到这类宣传，思想无法集中，内心冲突严重，影响学业和正确三观的树立，青少年常常因控制不住自己的性冲动而导致犯罪。成年后对感情和家庭没有责任感，这还会影响公序良俗，从而影响社会的和谐与稳定。

图 3-16 黄色污染的危害

二、赌博的危害

在社会上，赌博（图 3-17）的现象很普遍，且形式多样，人们常把一些娱乐方式（如打游戏机、玩扑克、下象棋等）用来赌博。赌博往往是从游戏开始，输赢很小，不容易被察觉。但是随着赌注变大，赌资也不断增加，终于形成赌博恶习。人沉迷赌博最直接的反应是觉得时间不够用、精神恍惚，对于学生而言，往往无心学习，成人无心工作，总想着通过赌博挣大钱。

赌博不仅是恶习，更属于违法的行为（图 3-18）。《中华人民共和国治安管理处罚法》第七十条规定：以营利为目的，为赌博提供条件的，或者参与赌博赌资较大的，处五日以下拘留或者五百元以下罚款；情节严重的，处十日以上十五日以下拘留，并处五百元以上三千元以下罚款。《中华人民共和国刑法》第三百零三条规定：赌博罪是以营利为目的，聚众赌博或者以赌博为业的，处三年以下有期徒刑、拘役或者管制，并处罚金。开设赌场的，处三年以下有期徒刑、拘役或者管制，并处罚金。

图 3-17　赌博

图 3-18　赌博属于违法行为

三、毒品的危害（图 3-19）

目前，毒品已超过二百种，分为传统毒品、合成毒品、新精神活性物质（新型毒品），其中最常见的主要有麻醉药品类中的大麻类、鸦片类和可卡因类（图 3-20）。一般有四个共同特征。

（1）强制性地使吸食者注射使用该药，并且不择手段地获取。

图 3-19　毒品的危害

（2）连续使用，有不断加大剂量的趋势。

（3）对该药产生精神依赖性及躯体依赖性，断药后会出现"脱瘾"症状。

（4）给个人、家庭和社会都会带来危害性结果。

图 3-20　毒品的种类

毒品对人的身心健康危害很大，一旦吸上就很难戒除，久而久之就会导致人体各器官的功能衰退，免疫力下降，并严重破坏生育能力，还会使人精神不振、情绪低落，思维和记忆力减退，并容易引起精神失常。另外，一次性大量吸食毒品可能会导致人由于呼吸衰竭而死亡。相关调查显示，吸毒人群的死亡率比一般人群高出 15 倍，吸毒人员的平均寿命仅不到四十岁。

吸毒直接诱发大量违法犯罪活动（如诈骗、抢劫、贩毒等），给社会造成了严重的危害。同时，吸毒人员不健康的生活方式（如群居、卖淫、滥用药物、共用注射器等）是导致性病泛滥的重要因素。

四、抽烟的危害

烟草中含有超过 3 000 种以上对人体有害的化学物质，其中有 40 多种为致癌物质。烟雾中的尼古丁是一种中毒性兴奋麻醉物质，能兴奋和麻醉中枢神经，可使血管痉挛、血压升高、心率加快，损害支气管黏膜等，进而诱发心绞痛、支气管炎、肺气肿等疾病，严重者的脑血管还会发生血栓或破裂，引起偏瘫或失去生命。烟雾中的焦油具有显著的致癌和促癌作用。烟雾中的一氧化碳被人体吸入后，能降低红细胞的携氧能力，使人体组织和器官慢性缺氧，从而促使心、脑血管疾病发生。

五、饮酒的危害

长期过量饮酒会损害食管并引起黏膜充血、肿胀和糜烂，导致食管炎、胃炎等（图 3-21）。酒精主要在肝脏中代谢，因此对肝脏的损害特别大，肝癌的发病与长期饮酒有直接关系，酒精会影响脂肪代谢，提高血液中的胆固醇和甘油三酯含量，使心脏发生病变。大量饮酒会使心率加快，血压急剧上升，极易诱发脑卒中。另外，长期饮酒还会造成身体中营养失调，引起多种维生素缺乏症，而且醉酒后还容易引发社会安全问题，影响社会的正常秩序。

图 3-21 饮酒的危害

应对措施

（1）大家要抵制各种诱惑，拒绝不良风气。

（2）要树立远大的理想，要把精力花到学习知识上去，努力提高自身的思想素质和专业素质，多参加健康有益的活动，从而养成健康的生活习惯。

（3）在不知情的情况下，被引诱、欺骗涉及不良行为后，学生要主动向老师和学校报告，自觉接受家长及社会有关部门的监督戒除并进行康复治疗。

（4）外出时要有保护自己的意识，不要接受陌生人给的饮料或食品。

（5）当有人兜售违法物品时，要婉言拒绝并及时报警。

练 习 与 思 考

聊天时，"朋友"表示"黄、赌、毒、抽烟、喝酒"的感觉很酷、很拽，让你和他一起试试。此时，你该怎么办？

第七节　做好性防护 预防"性疾病"

案例导入

　　小王要参加高考，在备考期间，通过网络认识了一位小姐姐。这位小姐姐对小王关心备至，在熟悉后约见了小王（图3-22）。随后，两人发生了性关系。没过几天，小王开始发低烧。父母带着小王去医院检查，也没查出什么问题，于是当成普通感冒治疗，可是小王一直没有好转。父母以为孩子是学习压力太大，还一直安慰小王。小王隐约感到不安，想起之前的那次经历，小王忍不住上网查资料，发现自己的一些症状和艾滋病十分相似，于是偷偷买了试纸，检测结果显示阳性。小王随即打电话给那位小姐姐，对方却矢口否认并将小王拉黑。现在，小王已经取得了父母的原谅，并在父母和医生的帮助下积极治疗。

图3-22　约见网友

案例分析

　　2022年，我国15～24岁青少年感染艾滋病病毒（HIV）和患艾滋病（AIDS）的人数为1.07万例。其中，男性同性性行为传播占82.5%，异性性行为传播占15.6%。因此，大家在与男（女）朋友交往时，应该提高自我保护意识，采取安全措施，不要抱有侥幸心理。

知识要点

一、常见性疾病

1. 梅毒

梅毒是由梅毒螺旋体感染的一种慢性系统性的性传播疾病，存在潜伏期，危害性极大。主要表现为一期梅毒感染部位的溃疡或硬下疳；二期梅毒会引起皮肤黏膜损害及淋巴结肿大；三期梅毒发生时间一般在发病后 2 年，但也有长达 5 年的，主要引起心脏、神经、胃、眼、耳等部位的损害。另外，梅毒还可通过胎盘传给下一代，导致新生儿患先天性梅毒。

2. 淋病

淋病主要是由淋病奈瑟菌引起的泌尿生殖道化脓性感染，通常会有尿频、尿急、尿痛，尿道口或者阴道出现异常分泌物的症状。梅毒和淋病（图 3-23）是我国常见的性传播疾病，也是《中华人民共和国传染病防治法》中规定的需要进行重点防治的乙类传染病。

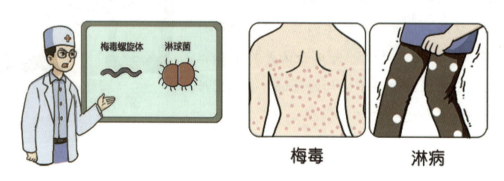

图 3-23　梅毒和淋病

3. 尖锐湿疣

尖锐湿疣主要是由人乳头状瘤病毒（HPV）感染引起的肛周、肛门、外生殖器的疣体（图 3-24）。大多发生在 18 ~ 50 岁的中青年人身上，平均潜伏期为 3 个月。

4. 艾滋病

艾滋病（图 3-25）是一种危害性极大的传染病，由感染艾滋病病毒（HIV）引起，这是一种能攻击人体免疫系统的病毒。它把人体免疫系统中最重要的 CD4T 淋巴细胞作为主要攻击目标，对其进行破坏使人体丧失免疫功能。从此，人体易于感染各种疾病，很可能发生恶性肿瘤，且病死率较高。HIV 在人体内的潜伏期平均为 8 ~ 9 年，且在潜伏期内，感染者可以没有任何症状地生活和工作多年。目前，尚且没有药物可以根治此病。

图 3-24 尖锐湿疣

图 3-25 艾滋病

二、性病的传播途径

1. 性行为传播

性接触是目前性病最主要的传播途径，通过性行为把疾病传染给正常人（图 3-26）。

2. 血液传播

如果有输血史，或者有不正常的牙科操作、手术、文身、打耳钉等血液方面的接触，也有可能感染性病（图 3-27）。

图 3-26 性行为传播

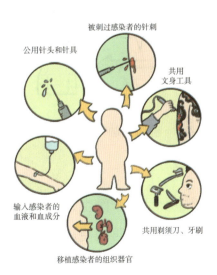

图 3-27 血液传播

3. 母婴传播

若孕妇患有性传播疾病,有可能会通过胎盘或者产道把性病传染给胎儿或新生儿(图3-28)。

图 3-28　母婴传播

4. 密切接触传播

正常人的皮肤黏膜接触性病患者的皮肤、分泌物、血液等时,有可能会造成交叉传染(图3-29)。

5. 间接接触传播

间接接触传播是指非性行为的接触传播,这种传播途径比较少见,但淋病、滴虫病和真菌感染等都可通过被褥、毛巾、坐便器、浴盆、衣服等传播(图3-30)。

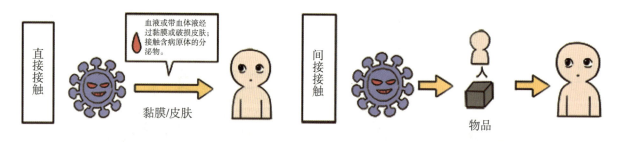

图 3-29　密切接触传播　　　　图 3-30　间接接触传播

6. 医源性传播

医源性传播主要是由于医生、护士防护措施不严格而导致,或者由于医疗设备等消毒不严格而导致其他人在再次使用时感染(图3-31)。

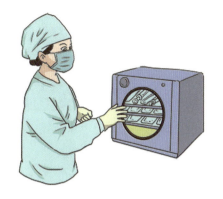

图 3-31 医源性传播

应对措施

（1）加强预防性病的意识，普及性病预防知识，了解性病的传播途径和风险。

（2）洁身自爱，不卖淫、不嫖娼，注意个人清洁卫生。

（3）不要借用或与他人共用牙刷、剃须刀等个人用品。

（4）严禁吸毒，不与他人共用注射针头。

（5）确保安全用血，用血前要查血的各种传染性指标，若各项结果均为阴性才能使用。

（6）倡导安全的性行为，全程规范使用安全套，因为这样可以有效降低性病的患染风险。

（7）性病患者应尽量避免怀孕、哺乳。

（8）避免直接与性病患者的血液、精液、乳汁和尿液接触。

练习与思考

性病对个人、家庭、社会、生活有哪些危害？

第八节　常见传染病的防治

案例导入

2021年11月27日，广州某大学通报陆续有学生出现腹痛、腹泻、呕吐、伴随发热等症状。按照突发事件应急预案报告制度，学校及时电话上报了广州市白云区市场监督管理部门和白云区疾控中心。白云区疾控中心对食堂食品进行抽检后发现，校内食堂食品中未出现食品不安全问题。截至11月30日上午8时，校内出现腹痛、腹泻、呕吐、伴随发热等症状共有315人，其中确诊诺如病毒阳性的有24人。

案例分析

传染病是各种传染性疾病的总称，由病原体引起的，能在人与人、动物与动物或人与动物之间相互传染（图3-32）。传染病的传播途径有多种，常见的传播方式有空气传播（如流感、麻疹等）、肠道传播（如甲肝、菌痢等）、接触传播（如水痘、癣等）、体液传播（如乙肝、艾滋病等）。传染病会严重危害人类的健康，该案例中的诺如病毒就是因为没有及时控制传染源，也没有切断传播途径，从而造成了进一步传播。

图3-32　传染病

常见的传染性疾病有下述种类。

一、流行性感冒

流行性感冒（图3-33）是较为常见的一种通过呼吸道传播的疾病，多在冬末春初流行，人群对流感普遍易感，可分为甲（A）、乙（B）、丙（C）3型。甲型病毒经常发生抗原变异，传染性大，传播迅速，极易发生大范围流行。本病具有自限性，但儿童、老年人和患有心肺基础疾病的人容易由于并发而死亡。

图 3-33　流行性感冒

二、水痘

水痘（图3-34）是一种比较常见的主要发生在儿童中的呼吸道传染病，6个月到3岁儿童的发病率最高，由水痘病毒——带状疱疹病毒感染引起，这种病毒如果感染成人，常常发生带状疱疹。近年来，水痘在中小学学生中的发病率也很高，多发生于冬季和春季，主要通过飞沫传播。

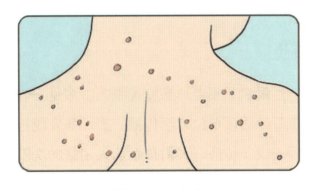

图 3-34　水痘

三、流行性腮腺炎

流行性腮腺炎简称"流腮"，俗称痄腮，是由腮腺炎病毒引起的一种呼吸道传染病。该病毒主要存在于病人的唾液中，且存活时间较长，从腮部肿胀前 6 天至腮部肿胀后 9 天都可能从病人口中排出病毒。流行性腮腺炎主要通过飞沫传播，且在短时间内接触病人唾液所污染的食具、玩具等时也能引起感染。四季均可流行，以冬季和春季最为常见，是儿童和青少年常见的呼吸道传染病。

四、诺如病毒

诺如病毒（图 3-35）是一种比较常见、能引起急性感染性腹泻的病毒，冬春季节高发，主要症状为腹痛、呕吐、腹泻，也可伴有低热、乏力等症状；粪便为黄色稀水便，患者经常无预兆剧烈呕吐，呕吐物有感染性。被该病毒感染后，成人通常的症状是腹泻，儿童则通常呕吐。诺如病毒的潜伏期为 24 ～ 48 小时，一般 2 ～ 3 天便可恢复。

图 3-35　诺如病毒感染

五、传染性结膜炎

传染性结膜炎俗称"红眼病"或者"暴发火眼"，多见于春秋季节，可散发感染，也可在学校、幼儿园、工厂等集体单位广泛传播，造成暴发流行。传染性结膜炎主要通过接触传播，即"眼—手—眼"传播。人们接触病人用过的洗脸用具、游戏机、计算机键盘，或者到病人去过的游泳池、浴池等处游泳、洗浴，都有可能被感染。

六、传染性肝炎

传染性肝炎是指由肝炎病毒引起的一种比较常见的传染病。常见的肝炎病毒分为甲型和乙型。传染源为病人及病毒携带者。

七、肺结核

在中华人民共和国成立前，肺结核又称为"肺痨"，是由结核杆菌引起的慢性传染性疾病。因为死亡率极高，谈起它时，无人不恐惧。如今，肺结核在人群中的传播已得到了有效控制，对人们健康和生命的威胁已大幅下降。然而，青少年由于生长迅速，身体各器官的发育处于相对不平衡的状态，当营养不良、疲劳过度、免疫力下降时，就容易生病，肺结核的发病率仍然较高。

应对措施

由于传染病的种类较多，中职学生可以从以下几方面预防。

（1）学习知识。主动学习各种常见的传染病知识，提高防范意识，掌握常见传染疾病的预防知识。

（2）优化环境。生活环境要定时开窗通风，保持空气流通，每次不少于15分钟，使空气清新，降低病菌含量，预防疾病。

（3）补充营养。注意多补充鱼、肉、蛋、奶等营养价值较高的食物，增强机体免疫力；多吃富含维生素 C 的新鲜蔬菜和水果，多喝水，提高免疫力。

（4）生活规律。正确面对学习、生活压力，保证充足的睡眠能消除疲劳，调节人体各种机能，增强免疫力。

（5）加强锻炼。体育锻炼可促进血液循环，有助于提高免疫力。

（6）个人防护。勤洗手，养成正确洗手的习惯，增强卫生意识，防止患传染病。另外，出门后，应尽量处于空气通畅的地方，少去拥挤的场所。

（7）免疫预防。在疾病流行季节，大家可以接种相应的疫苗，如流感、麻疹、水痘等。

（8）及早就医。当自己或周围的人出现发热、咳嗽、出疹等一种或多种症状时，应及时就医，发现患有传染病，立即停课治疗；同时，还要在第一时间告知班主任老师，并待痊愈后再返校学习。

请注意，预防传染病（图3-36）人人有责。

图 3-36　预防传染病

练习与思考

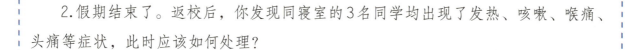

1. 校园中常见的传染病有哪些?

2. 假期结束了。返校后，你发现同寝室的3名同学均出现了发热、咳嗽、喉痛、头痛等症状，此时应该如何处理?

3. 预防传染病的常用方法有哪些?

健康心理 快乐人生 第四章

第一节 认识心理 了解健康

压力产生动力？

　　小傅是某所中等职业技术学校的学生，大家都夸她文静、漂亮，可谁也没想到，这个本应无忧无虑的小姑娘最近陷入了烦恼。这学期，学校举办打字技能比赛，班主任老师让小傅作为班级代表参加学校的总决赛，还反复对她强调，表示这是一项重要而光荣的任务，希望小傅能获得好成绩，为班级争光。小傅接到任务后就开始勤练打字，可是在同学中一向打字速度极快的她却发现自己总是出错，越着急越出错，打字速度竟然越来越慢了。另外，小傅一坐在计算机前就出现头昏眼花的感觉，吃饭也觉得没以前有胃口了，心里很着急，认为到比赛那天肯定状态不好。比赛的日子越来越近，小傅的情况也越来越糟糕。

案例分析

　　中职学生常见的心理问题之一就是焦虑。案例中的小傅原本能力出众，但因为担负老师的期待和班级的"荣耀"，过分重视比赛结果，而给自己带来了巨大的压力，从而引发了心理问题。这就说明，压力太大并不能够带来极致的动力，可能还会使人陷入

焦虑。同时，心理上的问题也可能带来一些身体上的病变，所以，保持心理健康十分重要。

中职学生正处于心理、情感都非常脆弱、敏感的时期，部分学生无法客观地认识和接纳自我，过度自卑或自负，对学习、生活和未来缺乏明确的方向，特别在意他人对自己的评价，有时可能只听到一句无心之言，就造成了莫大的心理冲击，加之生活中不时出现的小麻烦、对以后就业前景的担忧等，累积起来就会产生严重的焦虑情绪。由于焦虑心理问题具有较强的隐蔽性，中职学生很难自我察觉，具体表现为失眠、精神紧张、食欲降低、怀疑他人对自己印象不好、对人生很茫然、缺乏信心等。

知识要点

一、心理健康的概念及标准

在 1946 年召开的第三届国际心理卫生大会上，世界心理卫生联合会将心理健康定义为："所谓心理健康，是指在身体智能和感情上与其他人的心理健康不相矛盾的范围内，将个人心境发展成最佳的状态。"另外，第三届国际心理卫生大会还提出："心理健康的标志是指①身体、智力、情绪十分调和；②适应环境，人际关系中能彼此谦让；③有幸福感；④在工作和职业中，能充分发挥自己的能力，过有效率的生活。"

在现代社会中，心理健康的概念和标准也在不断变化。人们现在也认为，"心理健康"是指一种持续的心理状态。在这种状态下，个人具有生命的活力、积极的内心体验、良好的社会适应，能够有效地发挥个人的身心潜力与积极的社会功能。

而心理健康标准是心理健康概念的具体化。美国心理学家杰何达认为，应从 6 方面建立心理健康的标准。

（1）对自己的态度。

（2）成长、发展或自我实现的方式及程度。

（3）主要心理机能的整合程度。

（4）自主性或受各种社会影响的程度。

（5）对现实的感知能力。

（6）对环境的控制能力。

需要层次理论提出者马斯洛则认为，具有自我实现者的人格特征的人就是心理健康的人。他对心理健康提出了 10 条标准，现在被人们普遍采用。

（1）有充分的安全感。

（2）充分了解自己，并能对自己的能力做出恰当的评价。

（3）生活目标符合实际。

（4）能与现实环境保持接触。

（5）能保持人格（即个性）的完整与和谐。

（6）具有从经验中学习的能力。

（7）能保持良好的人际关系。

（8）情绪表达适当并能控制情绪。

（9）在集体允许的前提下，能有限度地发挥个性。

（10）在不违背社会准则的前提下，能努力满足个人的基本需要。

二、保持心理健康的意义

不少人认为，心理健康和生理健康是两个没有关系的概念。实际上，这是不正确的。在现实生活中，心理健康和生理健康是互相联系、互相作用的，心理健康每时每刻都在影响人的生理健康。如果一个人性格孤僻，心理长期处于一种抑郁状态，就会影响激素的分泌，使人的抵抗力降低，疾病就会乘虚而入。一个原本身体健康的人，如果总怀疑自己得了什么疾病，就会整天郁郁寡欢，最后一病不起。

因此，在日常生活中，一方面，大家应该注意合理饮食和身体锻炼；另一方面，大家要陶冶情操，开阔心胸，避免长时间处于紧张情绪中。如果感到心情持续不愉快，要及时进行自我调整，必要时可以到心理门诊或心理咨询中心接受专业人员的帮助，以确保心理和生理的健康。

应对措施

心理健康越来越被人们重视。那么，应如何保持心理健康呢？

一、建立足够的自我安全感

安全感是人的基本需要之一，如果惶惶不可终日，人很快便会衰老。抑郁、焦虑等心理，会导致消化系统功能失调，甚至会导致病变。建立安全感可以从三个方面入手：第一，建立自己的情感支持系统，比如家人和朋友，当你感觉到恐惧紧张的时候，确保有人可以无条件地陪伴你。你也可以多与外界接触，多与朋友聊天，在朋友处得到更多的快乐；第二，提高自己面对恐惧的能力，增加自信心，不要和别人比较，而要和以前的自己比较，看看自己在哪些方面有所提升，以缓解面对陌生情境的不安感觉；第三，接纳自己内心深处的不完美，相信自己是珍贵的，值得被爱的，即在这个世界上我是独一无二的生命个体，我是珍贵的、值得被爱的，所有的爱围绕着我，我很安全。

二、充分了解自己，并对自己的能力做出适度的评价

如果勉强去做超出自己能力范围的工作，就会力不从心，甚至会危害健康。

三、生活理想切合实际

由于社会生产发展水平与物质生活条件有一定限度，如果将生活目标定得太高，人们必然会产生挫折感，这不利于身心健康。

四、不能脱离周围现实环境

人的精神需要是多层次的，而与外界接触不仅可以丰富精神生活，还可以及时调整自己的行为，以便更好地适应环境。虽然我们现在拥有先进的电子设备，可以在网络上和别人建立情感关系，但实际上，作为一个完整的人，我们始终在现实中生活，于是在接触网络、小说、漫画时，也要时刻关注身边真实的人。

五、保持人格的完整与和谐

个性中的能力、兴趣、性格与气质等各种心理特征必须和谐、统一，这样才能大展身手。在清晰地认识自我之后，我们可以根据独一无二的特质安排学习、生活，如喜欢安静的人可以选择参加阅读活动，而喜欢分享自己观点的人就可以选择参加辩论赛或者读书分享会。

六、善于从经验中学习

在现代社会，知识更新的速度很快，为了适应新的形势，人们必须不断学习新知

识，这样才能在生活和工作中得心应手，少走弯路，从而获得更大的成就。

七、保持良好的人际关系

人际关系中有正向积极的关系，也有负向消极的关系，这些对人的心理健康有很大的影响。

八、适度地表达和控制自己的情绪

人有喜怒哀乐等不同的情绪体验。人们必须把不愉快的情绪释放出来，以求得心理上的平衡。但也不能无限制地发泄，否则既会影响自己的生活，又可能加剧和别人的矛盾。

九、适当地发挥自己的才能

人的才能应该充分发挥出来，但不能损害他人的利益，否则便会引起人际纠纷，徒增烦恼。

十、心理咨询和心理治疗

如果已经有了心理问题，需要及时到心理门诊或心理咨询机构诊治。心理咨询室是开展学生心理健康教育的专门机构，主要承担学生的心理咨询工作，当同学们陷入困境或是认为自己可能存在某些心理问题时，可以去咨询。

练习与思考

1.（单选）根据世界卫生组织的定义，健康包含身体健康、心理健康和（　　）。
A.良好的个性品质　　B.良好的社会适应性　　C.良好的人际关系
2.（判断）偶尔出现一些不健康的心理和行为，并非意味着这个人就一定有心理疾病。（　　）

第二节 直面问题 跨越困境

案例导入

陈同学读初中的时候，父母对她的妹妹比较关注，对她比较忽视，于是她有事情便少和父母讲。陈同学在学校里有一位好朋友，但不知为何，这位好朋友最近不理她了，陈同学变得越发沉默。在中考前，父母发现她的状态不对：每天郁郁寡欢、不讲话、食欲不好、甚至有些抗拒去学校，偶尔还和父母大吵大闹。后来，父母带她去医院检查，结果陈同学患了双相情感障碍。陈同学进行了自我分析，认为当时情绪不好的原因是：第一，父母在她小时候经常吵架，妈妈经常问她和妹妹父母离婚后跟谁；第二，家里的宠物猫去世了，这是自己第一次面对离别，非常伤心，上课也没办法专心，这种状况一直持续到初中毕业；第三，那段时间，自己刚和好朋友闹掰了。经过分析，她积极配合医生的治疗，自己也在网络、书籍上了解和学习恢复心理健康的相关知识，最终顺利康复，开始积极、快乐地学习、生活。

案例分析

在青少年时期，个体全面认识、理解和处理各方关系，形成自己的风格和原则。但与此同时，由于青少年面临的环境日益多元，缺乏稳定的交往规则和制度规范来指导具体行为，很多观念和个性都需要在具体互动过程中实践出来，这在某种程度上也给个体的成长带来了更多风险。

另外，单向度的价值评判会给青少年带来极强的心理压力，从而产生自我否定和毫无意义之感。在社会、学校和家庭体系中，教育内卷化的程度越来越高，学习成绩越来学生的价值评判标准，越来越使个体成为"单向度的人"。同时，中职学生在人际关系处理方面也会形成单向度价值评判，很可能因为他人的负面评价或者父母的忽视而认为自己是"无价值、无意义"的人。

本案例中的陈同学因为感受到父母的忽视和好友的疏远而困惑，在心情上表现为遇事情绪激动；在行为上表现为沉默，抗拒交流；在自身身体状态上表现为食欲低下、神情恍惚，无法继续生活和学习。经过医生的诊治及积极的自我分析和自我总结，陈同学认识到，在面对生活中的困难时，应该积极看待并寻找解决办法。

知识要点

一、心理亚健康状态

心理健康的标准是相对的，基本符合标准的即可认为是心理健康的。但在心理健康和心理疾病之间仍存在不少心理亚健康人群。这类人有各种心理不健康的表现，但不属于心理疾病的范畴。在生活中，心理亚健康常见的 7 大信号有：

（1）焦虑感：烦躁或不安，易生气。

（2）罪恶感：自我冲突，有无能、无用感。

（3）疲倦感：精疲力竭，颓废不振，无聊。

（4）烦乱感：感觉情绪失控，生活混乱。

（5）无聊感：空虚、不知道该做什么、不满足现状，但也不思进取。

（6）无助感：孤立无援，人际关系如履薄冰。

（7）无用感：缺乏自信，觉得自己毫无价值、自卑、内疚。

二、异常心理状态

（一）心理缺陷

所谓心理缺陷，是指无法保持正常人所具备的心理调节和适应等平衡能力，心理特点明显偏离心理健康标准，但尚未达到心理疾病的程度。心理缺陷的造成的后果是无法适应社会。在现实生活中，最常见的心理缺陷是性格缺陷和情感缺陷。常见的性格缺陷有偏执性格、强迫性格、攻击性格等，而常见的情感缺陷有焦虑状态、抑郁状态、疑病状态、狂躁状态等。

（二）轻度心理异常

这类心理异常表现为人的整体心理的某些方面受到影响，虽然脑部没有发生器质性的损害，但高级神经功能活动发生失调。这类人在人际关系的处理方面往往不够圆滑，对周围环境的适应能力下降，但生活能自理，自知有异常并愿意配合治疗。

1. 神经衰弱

神经衰弱的主要表现为失眠、多梦、敏感、疲劳、易怒、头晕、注意力不集中、记忆力减退等。

2. 强迫性神经症状

（1）强迫性观念。这类人会不由自主地产生某些想法、某些情绪或某些歌词等，经常怀疑自己做过的事情，或强迫自己回忆刚做过或早已做过的事情，或对某一无意义而又很难得到答案的问题冥思苦想。

（2）强迫性意向。表现为被一些异常的欲望和意向所纠缠，容易冲动。例如，每当走到河边就有跳下去的冲动。

（3）强迫行为。表现为强迫自己不断重复做一种行为。例如，反复检查房门、窗户是否锁好、关好，以及反复洗手和反复记录步行楼梯台阶数等。

（三）中职学生常见心理问题

1. 厌学心理

厌学心理是中职学生最常见的不良心理问题，由于对各学科的专业知识缺乏学习兴趣，加之教师、家长等布置了过多的课业任务或设置了过高的目标而产生。这些都给中职学生造成了很大的心理压力。部分中职学生在解决课业任务时感到身心疲惫，或是觉得自己达不到教师和家长的要求，在重压之下便容易出现心理和情绪失调的状况。中职学生厌学心理的主要表现通常是学习态度不积极，对于教师和家长的教育管理产生逆反和对抗情绪，严重者甚至会出现逃学、弃学等不良行为。

2. 人际交往心理障碍

社会交往能力是中职学生都应该具备的关键能力品格，但是在分析中职学生常见心理健康问题的过程中发现，他们在人际交往方面出现了不同程度的心理障碍，这降低了学生的社会交往水平。一些中职学生在个性上存在自卑、孤僻、偏激、依赖等不良因素，在处理师生、同学、亲子关系时不知道该怎样表达内心的感受，难以融入集体生活，与教师、家长的关系也非常紧张。除此之外，还有一部分中职学生在社会交往中怀有强烈的恐惧心理，如果不得不参加社会交往活动，便会表现得笨拙和局促不安，这些都表示他们在人际交往过程中存在心理障碍，如果得不到及时的引导，便可能会发展成心理疾病。

3. 焦虑心理

焦虑心理状态（可能包括恐慌或过度担忧）在高龄青少年中这种状态更为常见。相关数据显示，3.6% 的 10 ~ 14 岁青少年和 4.6% 的 15 ~ 19 岁青少年有焦虑障碍，1.1% 的 10 ~ 14 岁青少年和 2.8% 的 15 ~ 19 岁青少年患上了抑郁症。焦虑症和抑郁症有一些相同的症状，包括情绪的快速和意外变化。焦虑和抑郁性障碍会严重影响学业和出勤情况。逃避社交会加重孤独感，抑郁症则可能导致青少年自杀。

4. 择业心理问题

大多数中职学生在择业的过程中不仅对工作岗位的薪资待遇提出了相对较高的要求，也希望自己所从事的工作优于他人。这种忽略客观教育因素的希望和要求不仅增加了中职学生择业失败的概率，还对其后期的发展和成长产生了极为不利的影响。随着我国就业形势的日趋严峻，大多数中职学生由于缺乏自主择业的信心而选择接受母校推荐的工作。另外，还有很多中职学生则是在父母和家人的帮助下找到工作的。正是由于自主择业主动性的不足，中职学生才缺乏择业的勇气和信心。

应对措施

一、培养健全的人格特征

健全的人格有助于同学们适应变化着的社会环境；有助于进行顺利的社会交往；有助于个人事业的成功；更有助于保持身心健康。一个人的本性——人格是不容易改变的。虽然人格具有稳定的一面，但也有可以改变的一面，因此，每个人都可以寻求指导，对自己的人格特征进行分析、评价。如果发现人格特征具有某些不健康的因素，甚至存在缺陷，就要自觉寻求帮助，加以矫正。

培养人格特征时应该做到以下几点。

（1）要有谦虚谨慎、沉着稳重的良好品质；要锻炼自己勇于和善于批评与自我批评，以便克服自己身上的弱点，使自己的行为方式适应社会。

（2）要注意培养广泛的兴趣和爱好。参与自己感兴趣的活动，可以放松身心扩大人际交往范围，促进心理健康。

（3）要培养自己敢于面对现实和实事求是的精神。要以积极的态度面对学习和生活中各种问题，不逃避现实。

（4）要锻炼自己，使之具有坚强的意志和顽强的毅力。在逆境中不灰心丧气，不一蹶不振；在顺境时不骄不躁，不忘乎所以。

（5）要培养活泼开朗的性格，始终保持乐观的精神和愉快的心境，高兴时不过度兴奋，不愉快时也不过于忧伤和愁闷。

二、加强各种正确观念的修养

一个人如果注意加强自身的正确观念的修养，就能对人生、对社会有正确的认识；就能科学地分析周围发生的事物，以防止心理反应失常，保持心理健康。这些正确的观念主要包括科学的人生观、世界观、价值观和道德观；国家的各种政策；民族风俗等。

最重要的是，我们需要建立对生命的正确认识，从人的精神价值层面出发，只有在达成生命是来之不易的共识的基础上，人与人才能和谐共处，才能实现建立文明社会的最终目标。也就是说，应该重视身为"人"的生命价值，包括对自己和他人，以及对世界的认识，尊重"人"的能量。

三、培养积极的心理状态，防止心理冲突

心理状态是人对社会环境和生活环境的反映。英国著名作家萨克雷说过一句话："生活就像一面镜子，你对它笑，它也对你笑；你对它哭，它也对你哭。"这句话形象地说明了主观情绪与客观事物的关系。大家在任何情况下都要情绪稳定。因为积极、乐观、向上的情绪能经得起胜利和失败的考验；而消极、悲观、忧伤的情绪则会让人经不起挫折，容易引发疾病。

在社会生活中，人主观上的要求与客观的限制可能引起强烈的或持续的心理冲突。心理冲突在一定的条件下能够造成心理疾病。有了心理冲突，要设法正确解决，不能消

极对待。在解决问题的过程中，可以总结经验，完善属于自己的问题解决模式，可以培养自己拥有四种基本能力。

（1）自我觉察能力：充分关注并认识到自己的状态及情绪，要坦诚、真实。

（2）问题解决能力：脚踏实地，不断提升解决问题的能力，做到游刃有余。

（3）向外求助能力：积极沟通并构建坚固的社会支持系统，做到心中有底气。

（4）多维平衡能力：在生活、学习、爱好、自我等多个维度上协调、平衡，合理分配时间与精力。

四、要正确认识自己

要有自知之明，了解自己的长处与短处，避免过于自卑和过于自傲；要了解自己的心理健康状况，经常用心理健康标准来衡量自己的行为，促进心理健康。要确立适宜的成就动机水平，即要与学生的知识水平、能力水平和心理品质等因素相一致。办事时要量力而行，切不可设置经过努力也达不到的目标，否则容易由于受到挫折而产生心理冲突，从而影响心理健康。

五、培养良好的环境适应性和人际关系协调能力

良好的人际关系可以使人心情舒畅。大家应当把与人交往作为生活的一种乐趣，掌握正确的交友观念与人际交往的技能和技巧，真诚待人；要能适应不同气候、温度和地理等自然环境，能正确处理在家庭、学校和社会生活中出现的问题。

六、从事各种体育活动，参加有益的集体活动

身体健康与心理健康是密切相关，健康的体魄能够促进心理健康，而心理健康也可以促进身体健康。体育活动可以促进多种心理品质的协调发展，使人感知敏锐，有助于消除孤独感，让人朝气蓬勃、乐观开朗；积极、经常参加有益的集体活动，开展正常而友好的人际交往活动有助于消除身体和心理上的疲劳，使人心情舒畅、精神愉悦。

七、以积极的情绪反应对待情绪激动

笑是良好的情绪反应，是一种良好的"心灵体操"。"笑一笑，十年少"即笑口常开，

有助于心理健康。民间流传着这样一个故事：古希腊哲学家苏格拉底有一位性格急躁的夫人。有一天，苏格拉底在院子里正和一些学者谈论学术问题，突然听到一阵叫骂声。随后，他的夫人提着一桶水走出来，一下子浇在苏格拉底的头上。此时，苏格拉底全身被浇湿，十分尴尬。这时，苏格拉底笑着对客人说："我早就知道，打雷之后必定下雨。"大家被苏格拉底的幽默感染，夫人也转怒为笑了。可见，以微笑或幽默应对情绪激动的人，往往会得到很好的效果。

应对心理困境产生的情绪问题可以尝试以下方法。

1. 宣泄

在宣泄情绪的过程中一定要注意安全，我们可以选择体育运动、唱歌、呐喊、吃东西（切忌暴饮暴食）等。

2. 放松

当情绪紧张时，我们可以选择深呼吸、做按摩、听轻音乐、进入冥想状态等来放松。

3. 暗示

暗示也就是积极地暗示自己，增强信心，鼓励自己。例如，在学习过程中，大家可以选择某个"辉煌"时刻的自己作为学习榜样，或者写日记等。

4. 改观

改观是指改变认知和改变对事件性质的看法，从更多的角度看待事件并获取更多信息，使自己的情绪更加稳定。

练习与思考

对照心理健康标准和中职学生常见的问题，你觉得自己还可以在哪些方面做出改进？又需要选择哪种途径解决心理问题？请将相关内容填入表4-1中。

表 4-1 心理问题对照解决途径

需要改进的问题	解决途径

恭喜你能够这么认真地对待自己的问题！当你拥有面对问题的勇气后，问题就有希望解决了。

第三节　和谐交往 快乐生活

拒绝交往让她吃尽了苦头

小李初中毕业后进入某中职学校读书，开始住校（这是她第一次住校）。由于从小都住在属于自己的房间里，住校后与7名同学同住，她看不惯同寝室同学"不良"的卫生习惯，又因为性格内向，她不喜欢看到同学们嬉戏玩笑和追逐打闹。总之，小李看谁都不顺眼。于是，她尽量避免和同学们接触，常常独来独往，时间一长，她发现寝室另几名同学进出都结伴而行，相互间说说笑笑，似乎当她不存在。她开始感到失落，孤独感油然而生，她也曾多次萌发过主动与她们交往的念头，可都未能付诸行动。她回到寝室后，总觉得同学们都在对她评头论足，还窃窃私语，一副嘲笑、鄙视的模样。她越来越难过，话也越来越少，情绪越来越低落，甚至开始出现失眠，食欲下降，身体迅速消瘦，最后病倒了。在小李住院期间，与她住在同寝室中的同学轮流守护在病床旁。看到那些平时让自己反感透顶的同学都忙着照顾她，送水喂饭，就像自己的家人生病了一样，她的内心被震撼了，把压抑在自己内心的苦闷与孤独全都倾诉出来。原来这一切都是她自己"想"出来的，同学们只是觉得她不愿意与大家来往，并不知道由此引发了她内心如此大的震动。

案例分析

在这个世界上，每个人都是独立的个体，但每个人又都是社会人，生活在人际关系错综复杂的社会中，人与人的交往是必不可少的，大家在与他人在交往中构成了心理感情上的关系。该案例中的小李因自身性格、生活习惯等因素在学校拒绝与同学交往，产生了孤独感，甚至失眠，无法正常学习和生活。在生病住院的时候，她自认为与她关系不好的同学都到医院照顾她，让她感受到了来自同学的温暖，也由此解除了误会。小李只是众多中职学生中的一员，现实生活中还有很多"小李"。

中职学生正处于成人化的过渡阶段，他们的自我意识高涨、敏感、个性不成熟，表现出独立与依赖、成熟与幼稚并存的矛盾性，在人际交往中带有鲜明的情绪化色彩。许多中职学生由于人际关系紧张，应对能力差，往往会产生苦闷、胆怯、猜疑、多虑、孤独、易怒、情绪抑郁等心理障碍，甚至产生过激行为，严重影响了正常的学习和生活，使他们无法健康成长。因此，学习人际交往相关知识，形成积极正确的人际交往理念，掌握必要的人际交往技巧对中职学生的健康成长至关重要。

知识要点

一、人际交往

1. 人际交往的概念

人际交往也称为人际沟通，是指个体通过一定的语言、文字或肢体动作、表情等表达手段将某种信息传递给其他个体的过程。其包括亲属关系、朋友关系、学友（同学）关系、师生关系、雇佣关系、战友关系、同事关系及领导与被领导关系等。

2. 人际交往的重要性

每个个体均有其独特的思想、背景、态度、个性、行为模式及价值观，然而，人际关系对每个人的情绪、生活、工作均有很大的影响，甚至对组织气氛、组织沟通、组织运作、组织效率及个人与组织的关系也有极大的影响。

（1）人际交往促进深化自我认识。在人们的交往活动中，有时候来自不同的人的评价存在一定的差距，不少人会因此而产生烦恼。这就要求我们善于调节两方面的评价，全面提高自己的综合素质，因为正确自我认识有助于大家找到自己的社会位置，从而扮演好自己的社会角色。

（2）人际交往促进社会化进程。人际交往是社会发展的必然产物，也是社会发展的基本前提。没有人际交往过程中所形成的各种各样的网络关系，以及人们扮演的各种

社会角色，社会就不能成为社会，发展也就无从谈起。人际交往是日常生活的一部分，贯穿生命始终。良好的人际交往能力是我们将来在社会上立足的生存需要。

（3）人际交往是实现人生价值的桥梁。人生的意义在于奉献，拥有良好的人际交往能力可以让我们掌握更多社会的信息，知道大家的需要，从而更好地为大家服务。

二、中职学生人际交往的障碍及成因

中职学生是比较特殊的一个社会群体，在人际交往方面存在诸多问题。

1. 以自我为中心

以自我为中心是指人常常会从自己的立场与观点去认识事物，而不能从客观的、他人的立场和观点去认识并判断事物。这样的人存在着过于浓厚的自我中心观念，凡事都只希望满足自己的欲望，要求人人为己，却置他人的需求于度外，不愿为他人做出半点牺牲，不关心他人的苦难，表现得极其自私自利、损人利己。要求所有的人都以他为中心，恨不得让地球都围绕他的意愿转，服从他。他们只要集体照顾，不讲集体纪律，否则就会感到委屈，却不愿从客观实际出发，不能服从他人及集体。这种人强烈希望他人尊重自己，却不知道自己也得尊重他人。

2. 羞怯心理

有羞怯心理的人常在人际交往中语无伦次、举止失礼。这种羞怯心理包含强烈的自我意识，羞怯者过分考虑自己在他人眼中的印象，总是担心他人瞧不起自己，无论干什么事，总有一种自卑感，总怀疑自己的能力，过分夸大自己的缺点，总使自己处于思想消沉的状态之中，其核心就是对"安全"过分关注了。

3. 自卑心理

自卑是一种不能自助和软弱的复杂情感，自卑者往往低估自己的能力，觉得自己各方面不如人。因为容貌、身材、学习成绩等方面的因素，在与他人交往时产生自卑心理如不敢阐述自己的观点、做事犹豫、缺乏胆量、习惯随声附和与没有主见等。自卑是一种自我否认，是对自己没有信心，也是对自己不认同的心理表现。

4. 猜疑心理

猜疑心理表现在交往过程中，就是自我牵连倾向太重，总觉得其他什么事情都会与自己有关，对他人的言行过分敏感、多疑。他们整天疑心重重、无中生有，认为人人都不可信、不可交。如有的人见到几名同学背着他讲话，就会怀疑是在讲他的坏话；老师有时对他态度冷淡一些，就会觉得老师对自己有了看法，等等。他们总觉得别人在背后说自己坏话或给自己使坏。喜欢猜疑的人特别注意留心外界和别人对自己的态度，这样便不能轻松、自然地与人交往，久而久之，不仅自己心情不好，也影响了人际关系。

5. 嫉妒心理

嫉妒心理是指因失败或某方面不如别人所产生的羞愧、愤怒和怨恨等感觉，它是自我形成的一种情绪上的表现。中职学生在人际交往过程中，嫉妒心理一旦产生，就很难再以一颗平常心去处理与周围同学的关系，它往往带有浓厚的负面感情色彩，把这种感情色彩带到同学交往中去就会产生一种不和谐的感受，从而使人际交往产生障碍。嫉妒心强的人对别人的优点、成就等不是赞扬，而是心怀嫉妒，希望别人不如自己甚至遭遇不幸。一个心怀嫉妒之心的人，绝对不会在人际交往中付出真诚的行为，不会给别人温暖，自然不会讨人喜欢。

应对措施

一、与人为善

友善，要求人们善待亲友、他人、社会、自然，是社会主义核心价值观的重要内容，是公民德行的光谱，可以为人际关系注入正能量，为社会和谐提供润滑剂。

中职学生可以从以下几方面努力做到与人为善（图 4-1）。

地上种了菜
就不易长草
心中有了善
就不易生恶

善

图 4-1　与人为善

1. 时常面带微笑

微笑，是最生动的表情，意味着真诚和友好。初次相逢，一个善意的微笑，能够很快拉近彼此的距离；微笑，是化解隔阂的良药。俗话说"伸手不打笑脸人"。矛盾双方相视微笑一下，也许就能化干戈为玉帛。

2. 乐于助人

人们常说"助人为乐"，因为助人是快乐的。在帮助别人的时候，我们的道德也在升华；在温暖别人的同时，也温暖了自己。

3. 学会宽容

有人说，宽容是怯懦。其实不然，宽容，是一种境界，因为并不是所有的伤害都是蓄谋已久、有意为之的，只要拥有真诚的心，加强沟通，还有什么大不了的事值得耿耿于怀呢？

当然，你的善良也要有底线、有原则。友善地对待别人，但也不要被别人欺负，不要让善良成为别人伤害你的工具。

二、尊重别人

尊重别人是中华民族的传统美德，即做人的基本原则是自身修养好，懂得尊重别人，讲礼貌，讲诚信。俗话说"人敬我一尺，我敬人一丈"，要想得到别人的尊重，首先便要学会尊重别人。

1. 平等待人

"平等"是做到尊重别人的重要前提和基础，大家要互相尊重，不要有双重标准，这样才能使人际交往轻松、长久、快乐和和谐。

2. 换位思考

真正做到尊重别人，就要尽量克服以自我为中心的心理，学会换位思考，善于站在换位思考（图4-2）。在与人交往的过程中，要始终牢记"先人后己"的处事原则，在做事前首先想到的是别人，始终表现出一种"虚怀若谷"的高尚境界。很多人遇到事情时，马上想到的就是自己的感受和利益，而往往选择性忽略别人的感受和利益。

图 4-2 换位思考

3. 欣赏与接纳

若要尊重别人，就要善于欣赏、接纳别人。不做有损别人人格的事，由衷地欣赏和赞美别人的优点，允许别人超越自己；对别人与自己不同的地方，不排斥，不藐视；对于别人的缺陷、缺点，能够做到不取笑、不歧视。

三、主动沟通

内向的人在遇到陌生人时总是躲着，从不跟别人主动打招呼，别人跟他打招呼，才畏畏缩缩地回应一句，这种行为在很多人看来是不懂礼貌的，然而，这并非他们想要的结果，于是，内向的人就要改变，不要畏畏缩缩，而要主动沟通。

1. 学会表达

中职学生在与人交往的过程中要学会表达，首先需要克服自己的畏惧心理，勇于表达自己。总是不敢表达自己真实想法和诉求的人，其实是害怕有各种不好的结果发生，害怕被拒绝，害怕自己丢了面子，害怕得罪人，害怕别人不接受自己，害怕不被理解，甚至害怕自己被忽视，而自己又无法承受这些不好的结果，所以宁愿不表达自己的想法。

其实，表达真实的想法没有那么难，最后的结果也不会那么糟糕，我们要学会正视自己的需求和感受，把它表达出来，让别人明白，并且愿意面对各种不好的结果，只有活出真实的自己，才更加快乐。每个人都有自己的诉求，都需要被看到，都需要被尊重，如果想要得到别人的理解，就要勇于表达自己的想法，而不是压抑情绪或期待别人主动发现，尤其是当你感觉被别人伤害或者被别人忽视时，更要直接说出来，让别人明

白，也让别人意识到自己的言语或行为有失妥当。所以，我们要学会表达自己真实的想法，这样别人才能知道你喜欢什么，以及不喜欢什么，知道你的底线，这样才能不忽视你的情感、你的需求，让你更容易得到别人的理解。

当然，你的表达方式也要正确，不要含混不清，词不达意，让别人不明白你的意思，因为这样的表达是无效的。另外，我们所说的表达也不是完全不顾及别人的感受，在表达自己真实想法的同时，也要顾全别人，不要以自我为中心。

2. 学会倾听

通常情况下，当我们想到交流时，几乎会发自本能地去关注我们与别人分享想法的方式。但实际上，交流在很大程度上依赖的是倾听。苏格拉底说过："上天赋予我们一条舌头，却给了我们一对耳朵，所以，听到的话应该比说出的话多两倍。"倾听是接受、分析、理解、分享的过程，具有较强倾听能力的人，往往能拥有很好的人际关系。

倾听也是讲究技巧的。首先，在倾听的时候，你要注意自己的言行，表达出你对别人谈的话题非常有兴趣的样子，用积极的目光注视对方，还要适时给出你的反馈。其次，谈话的人往往都希望自己的经历能够得到理解和支持。所以，在谈话过程中，你可以加入一些简短的语言来肯定对方的感受和想法，如"对的""是的，是这样"等，或者轻拍对方的肩膀，表示理解他的感受。这样就能让对方感受到自己的谈话是有意义的，自己是被重视的。再次，"听"不仅是指要听到说话人说的话，还要听出说话人的弦外之音，因为有些话不好太过直接地说出来的。因此，在听别人说话的时候，我们要仔细聆听，努力把自己的注意力放在对方身上，这样更能听出言下之意。最后，你可以鼓励对方多说话，表示出对对方的理解，这样，对方就会很愿意继续说下去的。除了适时地、加入一些简短的、肯定的词汇，我们还可以在适当的时候向对方发问。另外还要注意，不要在对方说得正兴起时打断他。

四、诚实守信

"始吾于人也，听其言而信其行；今吾于人也，听其言而观其行"的意思是判断一个人是否靠谱，不仅要听他怎样说话，还要观察他的行为，是不是和说过的话相一致。人与人交往时，不仅要用语言交流，还要用行动来验证，两者缺一不可。

1. 不说谎

诚实就是要真诚，要实在，不弄虚作假，不瞒哄欺骗，坚持实事求是，做到言行一致，表里如一。人为什么会说谎？究其根源是为了掩盖自己的错误，掩盖自己的行为。因为自己所做的事是对方不希望看到的，是对方不希望自己做的。如果一个人说了太多谎话，到了后来，连说谎话的本人也要当真相了。所以，擅长说谎的人一般有一个毛病——自欺欺人。等到有一天，事情真相大白了，最伤心的是说谎者本人，因为他不敢相信自己被自己骗了那么久，而这就是当谎言被人戳穿了，说谎者也不愿承认的原因。

虽然说谎不一定就会对别人造成损失和伤害，但说谎本身表现出了对人的不诚实。一个不诚实的人，在别人看来就是一个不值得信任的人。"我感到难过，不是因为你欺骗了我，而是我再也不能相信你了"，尼采这句话无疑揭露了那些喜欢说谎的人的后果。

2. 信守承诺

守信，就是要信守承诺，说到做到。俗话说"人无信不立，人无诚不交"，要想在社会上立足，就要努力做诚实、守信的人。要想树立自己的信誉，塑造自己的品格，就要言行一致，信守承诺，要说到做到。对于已经答应别人的事，要想办法完成、兑现。甚至为了实现自己的承诺，不惜牺牲自己的利益，付出必要的代价。如果你不知道一个人是否值得交往，就观察他的言行；刚开始与人交往时，不要随口说话，要思考一番，要保证自己说过的话是真实的，或者是以后能够做到的。当然，做人更不能行骗，小骗缺德，大骗违法。

五、懂得感恩

懂得感恩是一个人最基本的修养，因为一个懂得感恩的人无论走到哪里，都能给人带来温暖（图4-3）。懂得感恩之人常常拥有一颗柔软的心，因为知道自己所得皆来之不易，便倍感珍惜，从不过度索求，也不愿意伤害别人，这样的人才值得深交。那么，中职学生如何才能成为一个懂得感恩的人呢？

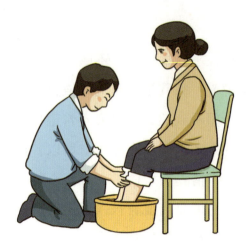

图 4-3　懂得感恩

1. 知恩

年少时的我们，时常不懂感恩，只知索取，向父母亲朋伸手要金钱，要帮助，要温暖，要关爱……好像这些都是理所应当的，内心没有任何的感激之情，若没有达到自己的期望值，有时甚至还会感到愤愤不平，认为别人怎么能这样对待自己，怎么不能给予自己更多呢？这就是完全站在了自我的角度上待问题，而从未站在他人的角度考虑问题，时间久了，就会养成偏执、狭隘的思维，变得心灵扭曲，孤傲而自私，敏感而自卑。

2. 感恩

对别人的帮助，哪怕只有一点一滴，我们都应当怀感恩之心。学会感恩，懂得感恩应当成为每个人的美德。一个懂得感恩的人，会一味埋怨生活，也决不会为自己没有得到什么而斤斤计较，对待和自己有不同意见的人也更能表现出理解和宽容。人若常怀感恩之心，就会为自己已有的而感恩，感谢生活的赠予。常怀感恩之心，才能心情豁达，平心静气，宽以待人。做人，要不忘恩情，不伤人心。落魄时，不忘雪中送炭之人；失意时，不忘贴心陪伴之人；成功时，不忘一路相助之人。

3. 报恩

自觉学会知恩、感恩、报恩，是做人、做事的基点。作为中职学生，要时刻以感恩父母、感恩老师、感恩同学、感恩社会的心去面对学习和生活，这样，就不会陷入怨念丛生的"痛苦"中，就会让人际关系更加和谐，于是学习和生活也就更加愉快。感恩，正是幸福生活的开始。做人，要懂得感恩。懂得感恩，才能拥抱温暖；懂得感恩，才能收获一切。人生在世，常怀感恩之心，方能一往直前，生活也会越来越美好。

人们常说"投之以桃，报之以李"，人，永远都是相互的，你怎么待我，我就怎么待你。在这个世界上，没有平白无故的好，想要真心，拿心去交；懂得付出，才有人为你付出；把情当情，才有人为你留情。

练习与思考

1.主动和父母聊天，和他们分享在学校里发生的一些让你高兴的事情。

2.主动参加一些自己喜欢的活动，在活动中体验与别人相处的快乐。

3.当与别人发生不愉快的事情时，应尽量克制自己的消极想法，换位思考，想一想自己在处理这件事情时存在的问题。

校园欺凌 坚持说不 · 第五章

第一节　正确认识校园欺凌

案例导入

案例1：上小学的时候，小明脸上的雀斑很明显，加上当时他又很瘦小，不爱说话，班里一群男生给他起绰号叫"胡麻子"。由于心里不能接受，小明每天晚上都躲在被窝里哭，导致学习成绩一落千丈。

案例2：2022年5月6日下午，多名男子在公厕内殴打学生的视频通过微博发布后迅速发酵，引发热议。

该视频时长为2分14秒，其中显示，一名身穿蓝色短袖上衣的学生被多名男子围殴（图5-1）。除用脚踢踹学生的头部外，其中一名白衣男子还将该学生头按进公厕粪坑，然后踩到该学生背部，不断用脚将对方的头往粪坑里踩，过程持续40余秒。待该学生爬起后，另一名男子用手抽打他后脑，要求他"脸朝上笑一个"和"笑得好看点"。

图5-1　拒绝校园欺凌

被围殴的学生左脸淌血，脸上有多处擦伤并沾有污秽物。其他男子除全程欢呼雀跃外，还追问他关于某"初一女生"的事情。

视频发酵后，引起广大网友的集体声讨。多数网友认为该事件造成的影响十分恶劣，当地相关部门应该就此事给出说法，并有效遏制此类行为的发生。

案例分析

在案例1中，给同学取绰号，看似是不经意的玩笑，但如果是侮辱性的绰号，就可能给别人造成伤害，这是一种校园欺凌现象。给别人起侮辱性绰号和侮辱其人格、损坏他人财物与在社交媒体上发表贬低或者侮辱别人人格言论一样，是欺凌行为。

在案例2中，校园欺凌，是指发生在学生之间，一方蓄意或者恶意通过肢体、语言及网络等手段实施欺压、侮辱，造成另一方人身伤害、财产损失或者精神损害的行为。案例2中的事情对受害的男生造成了极大的伤害，产生了极大的心理阴影，对受害者而言，此事件的影响在心理和生理上的伤害可能是终生性的，属于严重的校园欺凌现象。

知识要点

校园欺凌（图5-2）是发生在校园内外，由老师、同学或校外人员（一人或多人）蓄意或恶意通过肢体、语言、网络等，实施欺负、侮辱造成受害者身体、心理、名誉、权利、财产等受到侵害的行为。近年来，我国校园欺凌事件频发。从很多案件中那些欺凌者残忍的作案手段中可以发现，他们心理扭曲的程度令人触目惊心。

每起校园欺凌都是不可接受的，对于欺凌者、受欺凌者和旁观者都会造成不同程度的伤害；同时，频繁发生校园欺凌事件也会严重影响校纪、校风。因此，各学校必须重视校园欺凌，通过加强教育来避免校园欺凌事件的发生。

图5-2　校园欺凌的分类

校园欺凌多种多样，常见的有身体欺凌、言语欺凌、关系欺凌和网络欺凌。根据校园欺凌和暴力行为严重程度，可以分为违规、违法行为和刑事犯罪。下面我们来分析一下各类欺凌的情形与危害。

一、身体欺凌

身体欺凌是指欺凌者一方利用身体动作对受欺凌者实施的欺凌，包括打、踢、推、撞以及抢夺、破坏物品等。身体欺凌是所有欺凌中最容易识别的一种形态，它有着相当具体的行为表现，通常也会让受欺凌者身上留下明显的伤痕或财物损失，而欺凌者的暴力行为也会随着他们年龄的增长而变本加厉。

案例 2 就是一种严重的身体欺凌，对受欺凌者造成了严重的精神与身体的伤害，而且此类伤害对受害者而言往往可能是不可逆的、终身性的，这已经是一种严重的违法行为，作为事件的始作俑者或参与者将会受到法律的制裁，对参与者而言，只图一时之快，并未想到自己所应当承担的法律后果和责任。

二、言语欺凌

言语欺凌是指欺凌者一方通过口头言语形式直接对受欺凌者实施的欺凌，包括骂人、羞辱、叫取绰号、诋毁、嘲讽等，致使他人的精神和心理遭到侵犯和损害，属于精神伤害的范畴。

下面我们来看一个案例。

张一和张二、张三、张四、甘某既是同学也是同村人，但张二、张三、张四、甘某四人长期对张一的身材、长相进行语言攻击。张一向老师反馈了此事，老师也对张二等四人进行了批评教育并告知四人家长，但张二等四人仍旧我行我素，继续对张一进行语言攻击。在事发前一天，张一再次遭受张二等四人的语言暴力，无法解开心结的她请假回家后，第二天就由于从自家二楼上跳下而受伤。派出所调查取证后，对张二、张三、张四、甘某进行了治安处罚。

"良言一句三冬暖，恶语伤人六月寒"，该案例告诫我们，语言暴力是一把无形的刀，我们要牢固树立正确的是非观念，不能做施暴者。

三、关系欺凌

关系欺凌是指欺凌者一方借助第三方而对受欺凌者实施的欺凌，主要包括背后说人坏话、散布谣言、社会排斥、冷暴力等。冷暴力是关系欺凌中最常见也是最容易被忽视的校园欺凌，通常是通过说服同伴排挤某人，使弱势同伴被孤立在团体之外，或借此切断他们的关系连接，其表现形式多为冷漠、轻视、孤立或疏远，致使别人在精神和心理上受到伤害。此类欺凌伴随而来的人际疏离感经常让受害者觉得无助、沮丧。

下面我们来看一个冷暴力的案例。

<h2 align="center">胖女孩的遭遇</h2>

一名初中女孩的体重达到了 70 千克，不爱打扮，也不说脏话。

女孩稳重的行为引起了一些同学的嫉恨。于是，女同学们很少和她交朋友，上课间操时几乎都躲着她；上体育课时，女同学们在分组训练时也没人愿意选择她；老师上课提问时，她比其他同学回答得流利，就有人说她故意嘚瑟；她考试名列前茅时，就有同学对她说不要忘乎所以……无论她怎样做，都不能让那些同学满意。于是，女孩变得形单影只，她的快乐没人分享，她的悲伤也没人安慰。女孩的情绪逐渐受到影响，经常夜不能寐，后来变得神经衰弱，需要治疗。

关系欺凌中的冷暴力，可以让受害者成为"孤岛"，没有知心伙伴，没有朋友，就像处在一个孤岛上，只有一个人，局限在自己的范围内，渐渐可能成为同龄人中的另类。冷暴力可以比身体欺凌更令人感到恐惧，冷暴力的威力不亚于身体欺凌，甚至高于后者。身体欺凌施加在身体上，而冷暴力施加在心理上，它比身体欺凌更容易摧毁一个人。往往受欺凌者会顾及自己的面子，瞒着自己的父母，不主动告诉老师，默默地自己承受，产生心理阴影。这种阴影可能贯穿整个青春期，让受欺凌者变得极度自卑，影响学习和生活，使整个青春变成灰色的。对于心理阴影比较大的受欺凌者，可能一辈子都生活在恐惧中，永远忘不掉自己遭受冷暴力的事情。

四、网络欺凌

网络欺凌是指在互联网或新媒介环境下具有相对优势的个体或群体借助于网络交往方式（如微信、QQ、抖音等）或媒介（如短信、电话、邮件、聊天室和网站）有意实施的，指向特定对象的可能产生持续性伤害的一系列侵犯行为的总称。

遭遇网络欺凌时，欺凌者往往通过网络发表具有攻击性、煽动性、侮辱性的言论对受欺凌者进行攻击，这些言论打破道德底线，造成受欺凌者名誉受损。网络欺凌不同于现实生活中拳脚相加的暴力行为，而是借助虚拟空间，用语言、文字、图像等对受欺凌者进行攻击，如对事件当事人进行"人肉搜索"，即将其真实身份、姓名、照片、生活细节等个人隐私公之于众，时常使用攻击性极强的文字，甚至使用恶毒、残忍、不堪入耳的文字，严重违背人类公共道德和传统价值观念。这些评论和做法，不但严重影响了事件当事人的精神状态，更严重影响了受欺凌者的生活，甚至会造成严重的后果。

1. 请大家回忆一下，在生活中受到过别人的欺凌吗？自己曾经是欺凌者吗？

2. 你经历过或看见过哪些类型的校园欺凌？

3. 你对校园欺凌的理解是什么？

第二节　欺凌者、被欺凌者与旁观者

案例导入

　　2022 年 12 月 9 日中午，某校七年级的小女孩肖某被另外两个八年级的学生汪某、刘某堵在路边殴打。打人视频在网上传播开来。

　　在视频中，两人轮流扇肖某的耳光，见肖某的脸都被打肿了，又开始飞踹肖某的腹部、腿部，肖某被打了也不敢还手，一直站在原地任她们施暴，周围站满了看热闹的学生，而拍摄视频的同伙还在煽风点火，指点着应该怎样殴打肖某！

　　傍晚，当地派出所民警接到肖某家属的报警电话，称自己的孙女被人打了。民警们立即展开调查。12 月 10 日，警方发布警情通报，称后续结果会及时向社会公布。在后续的处理中，施暴者和拍摄视频的同伙都受到了应有的惩罚。

案例分析

　　这是一起典型的校园欺凌事件。从该案例中可以看出，肖某这个受欺凌者在此时的无助，周围这么多看热闹的学生没有一个施以援手，没有一个当场报警的，任由欺凌者殴打、拍摄。此时，被欺凌者的内心是多么的无助，欺凌者的内心又是多么的狂妄与嚣张，但旁观者呢？此时的旁观者，有的可能幸灾乐祸，有的可能内心纠结，有的可能特别害怕，等等。其实，每起校园欺凌事件里的每个角色都不是独立存在的，欺凌者与被欺凌者的角色或许是交错的。

知识要点

　　只有了解欺凌者、受欺凌者、旁观者的身份与成因，不做欺凌者，不做受欺凌者，不做旁观者，才能真正杜绝校园欺凌的发生。

一、欺凌者

在校园欺凌事件中，实施欺凌行为的一方就是欺凌者。

（一）为什么你会成为欺凌者

1. 曾被欺凌

在成长的过程中，我们难免会遇到被欺凌的事件，特别是长期受欺凌后，受欺凌者可能会变成欺凌者。因为在受欺凌的时候，自信心会受到打击，欺凌自己的人没有得到应有的惩罚后，也会产生"欺凌别人是一种正常的行为，这能证明自己强大"的错误观念。

2. 家庭影响

相关研究表明，长期受到家庭暴力，或被忽视（冷暴力）的学生更容易对他人实施欺凌行为。在家庭暴力的影响下，学生会认为暴力是对自己亲密的人的一种情绪宣泄方式，因此，会模仿自己的亲密者对自己实施的攻击行为。在此阶段，若监护人或长辈不管不顾，不能纠正攻击行为（语言或动作），这些学生就会把攻击和伤害视为理所当然，对身边的同学施暴。

3. 本身具有暴力倾向

有些欺凌者天生具有暴力倾向，在童年阶段没有被及时发现并进行有效纠正。这些人通常具有的崇尚暴力、好挑衅、易冲动、爱支配别人等特征，在与别人交往时，总希望按自己的意志行事，如果别人不顺从自己的意愿，就容易发脾气甚至实施暴力行为（图5-3）。

图 5-3　有暴力倾向的人

4. 拥有某种优势地位

与被欺凌者相比，欺凌者在某些方面拥有优势地位。这种优势地位可能是身体比其他同学强壮，学习成绩比较好，在家庭条件与社会背景上存在一定的优势，等等。当知道自己在某些方面存在优势后，欺凌者就可能基于此来欺凌相对弱势的同学。

5. 结识社会不良群体

有些青少年由于辨别能力差而善恶不明，容易受社会不良风气影响，经常与一些社会闲散青年一起聚集，这些人常常有偷盗、敲诈勒索、打群架等不良行为。受此影响，在校学生常常有意无意加入这类群体，并开始向同学敲诈勒索，以收"保护费"或者以"大哥""大姐"的身份对别人要求予以强行"帮助"或"照顾"等行为而成为欺凌者。据官方资料记载，近年来，多起校内外发生的校园欺凌事件就是由在校学生与社会青年（往往是辍学的未成年学生）结识而发生的（图5-4）。

图5-4　结识社会不良群体

（二）欺凌者的下场

1. 受到法律的惩处

（1）受到刑事或民事处罚。

当欺凌者的欺凌行为给受欺凌者造成严重伤害后，面临的就是法律的制裁（图5-5）。即使其没有达到刑事责任年龄，他们也有可能因为违反了《治安管理处罚法》而受到治安处罚。如果欺凌者因不满十六周岁不予刑事处罚的，公安机关会责令家长对其加以管教；在必要的时候，政府会对其进行收容教养。

图 5-5　欺凌者面临法律的制裁

（2）承担民事责任。

受国家刑事责任年龄的限制，欺凌者可能因为年龄小而免于刑事处罚。但民事责任不同于刑事责任，不要以为欺凌者还没有到法定年龄就不用赔偿。如果欺凌者的欺凌行为伤害了他人，欺凌者或者其监护人需要给予赔偿。

2.受到学校纪律处分

任何学校都有学生纪律处分规定，因此，欺凌者必须被学校处以警告、严重警告、记过、记大过、留校察看或开除学籍的处分，这对欺凌者的升学、当兵甚至以后的就业都会产生非常大的负面影响。

3.受到道德的谴责并被社会孤立

欺凌者的行为是一种以强欺弱的不道德行为，得不到社会的认可，是受道德谴责的。如果欺凌者一直刻薄、故意伤害他人，其将得不到别人的尊重，从此受到孤立。

二、受欺凌者

受欺凌者往往是从受到一次不经意的欺凌开始不断遭受欺凌的。只有建立自信心，大家才能够有效防止遭受欺凌，如果对第一次欺凌说不，以后就很不大可能成为被欺凌者。

在调查中发现，性格软弱、身材肥胖、外表不具有吸引力、残疾或者在学校表现差的学生更容易受到欺凌。

为什么他们会成为受欺凌者呢？

（一）性格内向、胆小

有些人平时不太爱说话，遇到问题主要是自己沉默应对，面对问题时的反抗意识比较弱。在这种情况下，一些欺凌者看准了受欺凌者会默默接受欺凌，以及被欺凌后也不敢告诉老师、家长的特点，便开始肆无忌惮地对受欺凌者实施欺凌行为（图5-6）。

图 5-6　实施欺凌行为

（二）身体相貌缺陷

1. 长相

身材过胖或过瘦、颜值低的学生容易受到欺凌。联合国教科文组织曾发布了题为《数字背后：结束学校暴力和欺凌》的报告。该报告涵盖了144个国家和地区，提供了关于全球学校暴力和欺凌问题的最新数据。根据该报告统计，32%的学生1个月之前被学校里的同龄人至少欺凌过1次。该报告认为，在任何方面被视为与众不同的儿童更容易受到欺凌。其中，外貌是他们遭到欺凌最常见的原因。

2.残障

因为心理上或身体上有缺陷，残障学生容易容易遭受校园欺凌。相关调查发现，身体残障的学生受到欺凌的概率是一般学生的 2 倍或 3 倍。英国的几位学者在研究中曾对身处融合教育环境的残疾学生与普通学生进行比较。相关研究人员通过行为观察学生的行为发现，普通学生较不愿意和残障学生一起游戏，而残障学生比普通学生存在更多遭受其他同学嘲笑的经历。相关研究发现，残障学生遭受欺凌的比例高达 67%，而同所学校在的普通学生只有 25% 有类似经历。

（三）缺少朋友

有些学生性格孤僻，平时吃饭、玩耍都独来独往。由于没有很好地融入群体，就可能被群体内的成员调侃，认为这个人很奇怪、不合群而排挤他。同时，由于缺少朋友，欺凌者会认为即使欺凌这个人，也不会有朋友帮助你或告诉别人，从而使欺凌成为常态。

三、旁观者

在欺凌事件中，旁观者的角色很微妙，有些旁观者是被动旁观的，而有些旁观者则是主动旁观的，当他们成为旁观者后，慢慢有了暴力倾向或成为欺凌者。

（一）为什么你成了旁观者

1.害怕成为被欺凌的对象

当作为旁观者对正在发生的欺凌行为保持沉默时，其内心是恐惧的，因为害怕自己出面制止的行为可能会导致自己受到伤害，或者成为下一个被欺凌者。在这种情况下，选择沉默便成为自保的方式。

2.来自同伴的压力

除了害怕遭到欺凌外，还有一种可能，即旁观者渴望融入某个群体，因此，对于正在发生的欺凌行为保持沉默。在社交欺凌中，欺凌者通过孤立受欺凌者从而达到欺凌的目的，而这种欺凌方式，若没有周围同伴和同学的配合是无法实施的。当旁观者渴望融入欺凌者所属的群体，就会对欺凌者的欺凌行为持消极甚至支持态度。

3. 不知道如何处理

发现欺凌行为时，很多旁观者内心深处都会意识到这种行为是错误的，但不知道该如何处理，也不确定自己能否有效制止欺凌行为，还是会加重欺凌行为，或者可能因为自己并不了解整个事件的前因后果，认为盲目处理可能是帮倒忙。在这种情况下，旁观者也可能选择保持沉默。

4. 认为这件事与自己无关

很多同学从小就受到父母或家长的教育，产生了不要多管闲事的观念。所以，当出现冲突或者发现他人的不良行为时，他们首先会想到选择逃避。这种做法对于遏制同学之间的矛盾或打架情形并防止情况的进一步恶化是有一定作用的，但在实际生活中，这种不作为的方式并不能有效改善身边的欺凌现象。因为在欺凌中，被欺凌者始终处于弱势地位，如果没有同学制止或向老师报告正在发生的欺凌行为，被欺凌者将会一直被欺凌。

（二）旁观的后果

1. 助长欺凌行为

世界上没有独来独往的欺凌者，而欺凌者总是想用欺凌的行为来获得群体或社会的认同，更需要观众来证明他们的力量。相关研究结果显示，85%的欺凌事件发生时是有旁观者在场的。

如果发生欺凌时，旁观者很多，且都只是站在一边旁观而不采取任何行动，甚至于在一边哄笑，欺凌者就变得越来越胆大，采取的行动可能也就越来越极端。有时候，旁观者会从旁观到参与，甚至助纣为虐，也成为欺凌者。

2. 自己产生消极情绪

大家在旁观欺凌行为后会产生何种情绪反应呢？调查发现，旁观欺凌行为会造成心理伤害，也会引发旁观者的负面感受，约50%的旁观者表示看见欺凌事件后觉得很生气，约33%的旁观者会感觉到难过、无奈，还有约17%的旁观者会感觉害怕。旁观者基于同理心，看到受欺凌者被排挤时，也会产生难过等负向感受。相关研究表明，90%的旁观者对于观看欺凌行为会产生不愉快及不安的情绪，或担心害怕自己成为欺凌的新目标而沉默、退缩，或出现消极的态度。

练 习 与 思 考

　　1.在以往发生的欺凌事件中，你是欺凌者、受欺凌者还是旁观者呢？

　　2.尝试分析以下问题：在欺凌事件中，欺凌者、受欺凌者或旁观者的心理状态分别是什么样的？

　　3.如果发现身边出现欺凌事件，你应该如何处置？

第三节　反抗校园欺凌的绝招

案例1：上海市某职业学校学生张某霞因同寝室同学李某家庭条件好、长得漂亮、在学校受到很多男生的喜爱而暗生嫉妒。在一次大课间活动后，李某因拥挤而踩到了张某霞的鞋子，张某霞随即大怒，将自己的好友王某和钟某玉约到自己班级的教室中。三人强行将李某拖拽到厕所对其进行语言羞辱和掌掴，致使李某口鼻出血。该行为恰好被进来上厕所的老师发现。该老师随即将张某霞等几人全部送到德育处。学校领导和老师了解情况后对张某霞的行为予以强烈的批评，并责成张某霞向李某道歉。在求得李某谅解后，双方握手言和。

案例2：王某是某技工学校的住宿生。在学校时，王某常常被班上同学李某欺负，或者被殴打或者被骂。后来，王某忍无可忍，跑到学校周边的菜市场购买了一把水果刀，并在第二天用它将李某扎伤，致使其受重伤。王某则因故意伤人被检察院提起公诉。在本案件中，王某将为自己冲动的报复行为承受相应的后果。

案例分析

案例1中的张某霞因嫉妒产生了怨恨，因为小事故意为难同学"找茬"，谁知却把事情闹大了。幸好老师及时发现，将本起欺凌事件制止了，不但保护了受害者李某，也有效地教育了张某霞等人。

从案例2中我们可以看到，王某因自身经常被人欺负，而产生了严重的报复心理，没有正确地选择应对受到欺凌时应该采用的正确方式，如果及时将此事告知家长、老师，或者求助公安机关，而是自己选择了一种极端的报复方式，从受欺凌者变成欺凌者，这实在是受欺凌者的另一种悲哀。

一、不做欺凌者

（一）学会控制情绪

欺凌者最初的欺凌行为主要是由于控制不住自己的情绪而发生的。有些人很容易因一件小事而愤怒，控制不住自己的愤怒时就倾向于使用暴力，所以我们需要学习如何控制自己的情绪，做情绪的主人。在日常生活中，我们要及时发现自己的情绪爆发点，当无法控制情绪时，要做到：

（1）及时离开当时的环境或让你生气的人。

（2）深呼吸，提醒自己或反复默念"控制情绪，暴力解决不了任何问题"。

（3）冷静思考自己是否有不恰当之处，而不是一味想到对方的错误。

（二）学习法律知识

对法律的无知是欺凌者常见的问题。只有掌握了法律知识，才能遵守法律、敬畏生活、尊重别人。

（三）远离不良群体

有些欺凌者是迫于同伴的压力才实施欺凌行为的；有些则是与社会上一些不良青年结识后，辨别能力差，受到不良影响后就参与了欺凌事件。所以，远离不良群体是防止中职学生参与欺凌事件的最佳方式。

（四）及时与家长、老师沟通

很多时候，我们在遇到问题时，没有及时与家长、老师沟通，而在做出伤害别人的事情之后，又不知道如何改变局面，没有寻求家长、老师的指导，让他们承认错误，从根本上解决问题。

（五）换位思考，培养同理心

我们要学会换位思考，即站在别人的角度和位置去思考问题、理解对方的内心感

受。做人做事，不能将自己的观点和行为强加在别人身上。只有经过换位思考，我们才能约束自己的行为，才能真正友好地与他人相处，自然也就不会发生欺凌行为了。

二、如何避免遭受欺凌

（一）树立自信心

树立自信心可以有效防止自己遭受欺凌。当一个人对自己非常了解，并拥有自信时，就不会成为被欺凌者了。

在一些情况下，我们之所以成为被欺凌者，是因为欺凌者知道他们的欺凌行为能够让我们感到失落、难过、自卑，而欺凌者也能够在我们的失落情绪中感受到自己的强大和控制力，进而通过欺凌得到自我满足。

但当我们非常自信，别人的言语并不会影响我们对自己的看法时，欺凌者就会觉得欺凌我们并不能使自己的优越感得到满足，往往便会放弃实施欺凌行为。

（二）主张自己的权利

每个人都有权利得到尊重，也有权利表达自己的观点。在面对欺凌时，我们要勇敢地说"不"。

如果欺凌者在日常行为中表现出对自己的不尊重，我们就需要考虑自己与欺凌者的关系，不要让对方一而再再而三地蔑视我们。否则，我们就可能慢慢陷入被欺凌的境地。

（三）融入某群体

所谓"一个好汉三个帮"，那些相对孤僻、独来独往的学生总是容易成为欺凌者的目标。在生活中，为了保护自己，大家可以结交一些值得信赖的朋友，即融入某个群体。在融入群体后，你遭受欺凌的可能性就会降低。另外，在上下学途中和几位朋友结伴而行也可以降低在欺凌多发地被欺凌的概率。

（四）关注欺凌多发地

在校园中或校园周边，总有欺凌多发地。这些地方一般远离成年人的视线，如空旷的天台、厕所、操场、街道小巷的一角等。为了避免自己遭受欺凌，我们需要做到：

（1）注意识别这些地点，减少在欺凌多发地停留的时间和次数。

（2）在这些地点逗留时，最好有一两位好朋友陪同。

（3）也可以当有成年人出现在这些地点附近的时候再考虑经过。

（五）参加自我防御课程

通过参加自我防御课程，我们可以通过所学的防御手段来处理正在面临的欺凌，如学习武术、拳击、跆拳道等可以帮助自己做好防御。另外，这些防御手段不仅可以使我们保护自己，还可以提高自控能力。

（六）谨慎交友

在校园生活中，每个学生都渴望融入一个群体，或者身边有分享感情、生活的好朋友。但是，在结交朋友的过程中，要注意他们的品行。如果对方是好斗、有暴力倾向的男生，最好与其保持距离；如果对方是尖酸刻薄的女生，我们也需要考虑是否要与她结交了。

三、正在遭受欺凌，我该怎么办

（一）引起周围人的注意

受欺凌者可能认为在被欺凌的过程中保持沉默会减少自己的损害，但这实际上等于助长了欺凌者的气焰，进而可能会导致对方一而再再而三地欺凌你。在面对欺凌时，我们需要发出声音、喊叫甚至是呼救来引起周围人的注意。

（二）注意逃离路径

在很多情况下，如果受欺凌者被一个人或一群人堵在一个密闭的空间，而仅剩的一个出口也被堵死，此时仍然需要时刻关注那出口，一旦发现机会，马上逃离欺凌现场。

大家需要知道的是，逃离并不是懦弱的表现。当我们与对方的力量悬殊时，逃离往往能够使自己的身体免受伤害。另外，寻找机会逃离欺凌现场也是需要勇气和智慧的。

（三）给予适当的反击

给予反击是指当权利受到侵害时，受害人为了保护自身的权利而对抗别人的行为。这种行为不同于带有侵略、欺凌性的行为。因为带有侵略、欺凌性的行为是逼迫别人服从以使自己的某种心理或情绪得到满足，而反击则是为了保护自己免受他人的侵害。因此，当被人欺凌时，大家要进行正当防卫，做出必要的反击来保护自己。但是也要注意，这种反击不能超出必要的限度，如一名同学正在威胁你，让你把口袋里的钱交出来，你却突然用一把刀子捅他，导致他重伤或死亡，就属于防卫过当了，你就需要承担法律责任。

【法律链接】正当防卫

《刑法》第二十条规定："为了使国家、公共利益、本人或者他人的人身、财产和其他权利免受正在进行的不法侵害，而采取的制止不法侵害的行为，对不法侵害人造成损害的，属于正当防卫，不负刑事责任。"

正当防卫明显超过必要限度造成重大损害的，应当负刑事责任，但是应当减轻或者免除处罚。

（四）记录下被欺凌过程

将受到欺凌的整个过程通过书面、音频或视频的方式记录下来，可以方便学校、家长查看以了解事件的整个情况。如果涉及身体或语言欺凌，可以通过视频或者音频的方式记录；如果涉及手机、电子邮件、网络论坛等方式实施欺凌，可以通过保存文字、图片信息来记录相关情况。学校里可能存在一些老师将欺凌行为视为同学之间内部的矛盾和冲突，对此不予重视和处理的情况。而有了这些真实、有效的文件，以及音频或视频记录，你就能够向学校老师、家长提供更为全面的信息，让他们帮助你处理。需要注意的是，一定要把这些记录保存好，不要让它们在网络上传播，因为这可能会对受欺凌者造成二次伤害。

（五）寻求同学的帮助

在学校中，与其他同学建立良好的关系非常重要。真正的好朋友会在你遭受欺凌的时候挺身而出，帮助你向老师或家长求救，或者陪在你身边安慰你、支持你。被欺凌后，你可能会感到害怕和羞耻，受到了很大的打击，且会陷入消极的情绪中无法自拔。向朋友倾诉自己的遭遇可以缓解消极情绪；而朋友的安慰和鼓励也能让你明白自己并非孤立无援。

（六）寻求家长的帮助

受欺凌者受到欺凌后可能会认为，这样的事告诉家长无济于事，他们不能帮助你改善被欺凌的状况。受欺凌者可能还会认为，向家长寻求帮助就意味着自己在寻求支援，表明自己很弱小及不能自我解决在学校的困境。但事实上，家长可以在许多方面协助受欺凌者摆脱被欺凌的问题（图5-7）。首先，家长能够与你共同分析被欺凌的状况，找出应对欺凌的正确方式，并帮助你建立自信。其次，家长也可以帮助你与学校沟通。家长可以与老师见面，向老师讲述你的遭遇，一起寻求解决方法，也可以向学校要求对在校学生加强保护。最后，家长和老师越早介入欺凌事件，越容易降低受欺凌者再次受伤害的严重程度。

图 5-7　寻求家长的帮助

（七）寻求老师或学校的帮助

现在，很多学校和老师都将校园欺凌作为学校安全管理的重点之一。为了保护自己，避免受到进一步伤害，我们需要大胆地向老师和学校说出受欺凌的时间、地点、人物、事件经过，并要求学校必须妥善处理，否则可以到教育行政部门反映情况，以督促学校解决问题。

（八）寻求司法机关的帮助

除了通过学校或老师来帮助你免受欺凌外，在身体遭受重创、精神压力特别大或者财产遭受严重损失后，大家可以寻求警察的帮助。因为，此时欺凌者的严重欺凌行为可

能已经涉嫌违反《刑法》和《治安管理处罚法》中的相关规定，你可以通过报警让欺凌者受到应有的惩处。

四、遭受欺凌后不能做的事

（一）报复

报复的想法往往在受欺凌者被欺凌后，感到自己很无助和弱小的情形下产生。为了弱化这种感觉，受欺凌者有时会诉诸直接打击报复。但是，报复只会让事情变得更加复杂。首先，我们可能也成为欺凌者，可能会被同学、老师视为麻烦制造者。其次，在实施报复后，我们面临的可能是对方更严重的欺凌行为，使自身的处境进一步恶化。

（二）欺凌别人

在受到欺凌后，受欺凌者可能转而欺凌比自己更加弱小的人，以宣泄自己遭受的欺凌。之所以这样做，是因为他们在被欺凌时感到自己很受伤、很弱小，自信心受到严重打击。因此，受欺凌者希望通过欺负更弱小的人来展示自己的强大来获取自信心。但是，这种处理方式无益于解决欺凌问题，反而使欺凌开始恶性循环。将受欺凌的状态转化为欺凌别人的状态，可能导致受欺凌者也面临与欺凌者一样的风险，即受到学校纪律的处分甚至被法律惩罚等。

（三）保持沉默

被欺凌的经历通常让人感到难受、痛苦。另外，出于羞耻感，以及害怕欺凌行为继续发生在自己身上，害怕被贴上"告密者"的标签，受欺凌者往往会用沉默的方式忍受欺凌。

但事实上，受欺凌者这种沉默的方式可能会导致欺凌者有恃无恐，进而继续实施欺凌行为。只有朋友、家长和学校的适当介入，才有可能终结受欺凌者所遭受的欺凌。

（四）消极对待

欺凌是持续的重复性行为。在被反复欺凌之后，受欺凌者开始认同欺凌者的言语，进而用欺凌者的负面言语来定义自己。英国国家儿童发展研究中心通过 50 年的追踪调查发现，在学生时代经常受欺凌的人，到 45 岁时，抑郁、焦虑和自杀的风险更高。

（五）自残或者自杀行为

遭受欺凌后，受欺凌者容易产生失落、自卑等心理。在这种心理的驱使下，受欺凌者可能会变得悲观厌世，不想去学校读书，或者想把自己关在屋子里自残甚至自杀，但这对解决问题毫无帮助，反而会进一步加深对受欺凌者的伤害。

如果出现悲观厌世的情绪，受欺凌者应第一时间向父母或老师求助。有些学校设置了心理咨询室或心理咨询机构，受欺凌者也可以向心理咨询老师寻求帮助，用心理疏导的方式缓解情绪。

五、不做旁观者

（一）制止欺凌

当欺凌事件发生时，如果欺凌行为在群体中没有达到期望的效果，欺凌者就可能停止欺凌。例如，欺凌者想通过欺凌树立自己在群体中的地位，或者想通过欺凌让旁观者随声附和。此时，如果周围有一个、两个或者是更多的人对欺凌者的行为表示不赞同，欺凌行为可能就此终止。所以，旁观者可以尝试在欺凌行为发生时，对欺凌行为表示否定，并上前制止。

另外，由于欺凌者在力量上或者其他方面占有优势，单凭一个人也许并不能有效抵制欺凌行为。这时，旁观者可以和几位同样不满意欺凌行为的朋友共同站出来维护正义。

（二）不要加入或者取笑

当欺凌行为发生时，一些旁观者可能会加入欺凌行为或者调侃、嘲笑受欺凌者。比如，当欺凌者针对被欺凌者的弱点进行嘲笑时，他们会确认被欺凌者的弱点并就此嘲笑被欺凌者。此时，旁观者在事实上扩大了欺凌的效果，并给被欺凌者造成了更深的伤害。

（三）求助家长、老师或其他成年人

作为旁观者，有时即使上前制止，也并不能有效终止欺凌行为，而且有可能也面临被欺凌的风险。这个时候，旁观者需要保持冷静，迅速离开现场并寻找能够有效制止欺

凌行为的成年人。在很多情况下，老师或者其他成年的出现都可能使欺凌行为停止。所以，大家不妨向成年人或者警察求助，这样既能有效制止欺凌行为，又能保护自己。

（四）打电话或者发短信寻求帮助

为了避免与欺凌者发生直接冲突，旁观者可以通过发短信或打电话的方式向老师求助。例如，记住班主任老师的电话，记住学校领导的电话，记住报警电话（110）都可以让我们快速得到帮助。

（五）保障自身安全

在欺凌事件发生时，旁观者的制止可能有效地终止欺凌行为。但是，在采取行动时，首先，确保自身安全，尤其当欺凌行为是暴力行为时，更要注意这一点。在这种情况下，旁观者要先对自己的能力进行评估，再采取相应的制止行为：当我们的能力足以当场遏制欺凌者的行为时，就可以挺身而出；当能力不足时，我们应选择离开现场并告知可以提供帮助的人。

其次，在通过间接方式阻止欺凌的过程中，我们还需要考虑自己是否会因为制止行为而受到欺凌者的报复。所以，在通知老师或其他人员时，我们要注意保护自己，如可以通过匿名的方式告知老师或者其他成年人，或者在告诉老师时提醒其不要透露自己的个人信息，以免遭到报复。

（六）关怀受欺凌者

被欺凌后，受欺凌者的自尊心会受到打击，也会感到羞耻、失落等。此时，作为朋友，你可以表达自己的关心之情，而当受欺凌者需要倾诉的时候，你可以做一名忠实的听众并提出适当的建议（图5-8）。另外，不要试图点出他人遭受欺凌的原因或者缺陷，因为欺凌行为已经伤害了受欺凌者的自尊心，如果此时一味指出受欺凌者的缺陷，只会让他更难过。

图5-8　关怀受欺凌者

练习与思考

1.假设你知道同学近期遭受了校园欺凌并在医院住院治疗，应该如何关心他？

2.作为班级中的法制宣传员，你应怎样组织实施一场关于预防校园欺凌的主题班会？

网络安全 健康网络

第六章

第一节 理性上网，防范网络沉迷

案例导入

　　张某是某校一名高二学生，平时听话、懂事，学习成绩也很不错，是家长和老师眼中的"乖孩子"。在课余时间，他喜欢上网查询学习资料。某天，在同学的怂恿下，他尝试上网玩某款网络游戏，从此便沉迷其中，无法自拔（图6-1）。此后，他无心学习，多次逃课到网吧打游戏。家长和老师对他进行过多次教育，都毫无效果，最终只好让他退学了。

图6-1 沉迷网络游戏

案例分析

　　网络是一把"双刃剑"，如果正确利用网络，对学习和生活是有益的，但若长时间沉迷网络，对人的身心健康会产生极大损害，甚至会产生心理问题。在现实中，有些人上网成瘾，进而耽误学业，甚至放弃学业或出现家庭关系破裂的现象。值得警惕的是，沉迷网络（尤其是玩游戏）已成为近年来青少年刑事犯罪率升高的重要原因之一。因此，中职学生应当从自己的身心健康角度考虑问题，学会理性使用网络。

知识要点

当出现以下几种情况时，你可能已经对网络产生了依赖，请马上调整行为。

（1）对网络的使用有强烈的渴求或冲动感。

（2）减少或停止上网时会出现周身不适、烦躁、易怒、注意力不集中、睡眠障碍等戒断反应，且可以通过使用其他类似的电子媒介（如电视、游戏机等）来缓解。

当出现下列行为时，你应该立刻咨询父母或者学校的心理咨询老师。

（1）为达到满足感而不断增加使用网络的时间和投入的程度。

（2）使用网络的开始、结束及持续时间难以控制，经多次努力后均未成功。

（3）固执地使用网络而不顾其明显的危害性后果，即使知道网络使用的危害仍难以停止，因使用网络而减少或放弃了其他活动。

（4）将使用网络作为逃避问题或缓解不良情绪的一种途径。

（5）网络依赖的判断标准为平均每日连续使用网络时间达到或超过 6 小时，且已达到或超过 3 个月。

应对措施

一、青少年如何克服网瘾

1.控制上网时间

科学、合理地安排上网时间和浏览内容，且每次上网的时间不超过 2 小时，在连续操作 1 小时后，应休息 15 分钟（图 6-2），尤其是晚上的上网时间不能过长，一定要并按时休息。

图 6-2　克服网瘾

2.限制上网内容

每次上网前，一定要先明确上网的任务和目标，把要完成的具体任务和内容列在纸上，按需浏览，不迷恋网上游戏，坚决不浏览黄色网站。

3. 准时断网

在上网之前，应根据任务量限定上网时间，完成任务后马上断网，不为自己找任何借口。

4. 用其他事情分散注意力

（1）修身养性：练习书法、抄写古诗词、阅读书籍等，这样既可让自己有事可做，不再因为无聊而上网，又能进一步陶冶情操。

（2）休闲娱乐活动：可以去旅游，放松身心。上网时，身体相对静止；而旅游时，身体则可以动起来。大家可以选择外出旅游，用领略自然风光的方法放松心情，来戒除网瘾。

练 习 与 思 考

请谈一谈利用网络提高学习成绩的方法。

第二节 文明上网，传播网络"正能量"

　　某中学高一学生李某某为吸引别人的眼球，提高关注度，多次在朋友圈、微博上捏造事实诽谤他人（图6-3），给当事人造成了名誉损害。警方经调查确认后，对李某某给予行政拘留三日的处罚。随后，校方给予李某某开除学籍的处分。

图6-3　诽谤他人

案例分析

　　网络不是法外之地，同样受到法律的约束，每名网民都应该遵守相关规则，共同抵制网络不良思想的传播，以身作则传递"正能量"，共同维护网络环境，营造健康、有序、规范的网络环境。

　　网络上散布谣言需要承担的法律责任主要分为三种：

　　（1）民事责任。如果散布谣言侵犯了公民个人的名誉权或者侵犯了法人的商誉，依据《民法典》中的相关规定，要承担停止侵害、恢复名誉、消除影响、赔礼道歉及赔偿损失的责任。

　　（2）行政责任。如果散布谣言，谎报险情、警情或者以其他方法故意扰乱公共秩序的，以及公然侮辱他人、捏造事实诽谤他人，尚不构成犯罪的，要依据《治安管理处罚条例》等给予拘留、罚款等行政处罚。

（3）刑事责任。对于散布谣言，构成犯罪的，要依据相关规定追究刑事责任（图6-4）。

图6-4　追究刑事责任

知识要点

中职学生上网应遵守的规范大致可分为强制性的法律法规（图6-5）和自觉性的道德规范，它们共同构成了网络的主要规范内容。

1. 中职学生上网时应遵守的强制性法律法规

（1）遵守《计算机信息系统安全保护条例》，禁止侵犯计算机软件著作权。

图6-5　遵守法律法规

（2）任何组织或者个人不得利用计算机信息系统从事危害国家利益、集体利益和公民合法利益的活动，不得从事损害公民权益的活动，不得危害计算机信息系统的安全。

（3）计算机信息网络直接进行国际联网，必须使用国家公用电信网络提供的国际出入口信道。任何单位和个人不得自行建立或者使用其他信道进行国际联网。

（4）任何组织或个人不得利用计算机国际联网从事危害国家安全、传播反动言论、泄露国家秘密等的犯罪活动；不得利用计算机国际联网查阅、复制、制造和传播危害国家安全、妨碍社会治安和淫秽色情的信息，发现上述违法犯罪行为和有害信息，应及时向有关主管机关报告。

（5）国际联网用户应当服从接入单位的管理，遵守用户守则；不得擅自进入未经许可的计算机系统，篡改他人信息；不得在网络上散发恶意信息，冒用他人名义发出信息，从事侵犯他人合法权益的活动。

（6）任何单位或个人发现计算机信息系统泄密后，应及时采取补救措施，发现有关问题时，要按有关规定及时向上级报告，并视情况向警方报案。

2. 中职学生上网时应自觉遵守的道德规范

（1）正确使用网络工具，要遵守网络法规，遵守职业道德，尊重民族感情，遵守国际网络道德公约，包括不涉足不良网站，不浏览不良内容；不用计算机去伤害他人；不干扰别人的计算机工作；不窥探别人的文件；不用计算机作伪证；不使用或复制没有付钱的软件；未经许可不使用别人的计算机资源；不当黑客；不利用网络偷窥他人隐私；不对英雄人物和红色经典作品恶搞；不修改任何网络系统文件；不无端破坏任何系统，尤其不要破坏别人的文件或数据；不在网上发布虚假信息，实施坑、蒙、拐、骗、敲诈勒索等行为。

（2）进行健康的网络交往。网络已成为信息社会不可或缺的媒介和工具。人们可以通过网络收发电子邮件、实时聊天、视频会议、网上留言、网上交友等。网络交往要做到诚实无欺，不通过网络进行色情、赌博活动，更不能在论坛上侮辱、诽谤他人。应通过网络开展健康有益的交往活动，在网络交往中应树立自我保护意识，不轻易相信、与网友约会，避免由于受骗上当而造成不可挽回的损失。

（3）自觉养成网络自律品德。由于网络的虚拟性及行为主体的匿名隐蔽特点削弱了社会舆论的监督作用，使道德规范所具有的外在压力的效用明显降低。在这种情况下，个体的道德自律成了维护网络道德规范的基本保障。青少年在网络生活中应培养自律精神，学会在缺少网络空间中抵抗不良侵害，做到自觉、自律且"不逾矩"，力保网络环境的纯净和安全。

3. 互联网不良信息的主要内容和类型（表6-1）

表 6-1　互联网不良信息的主要内容和类型

种类	内容	主要类型
违反法律类信息	违反法律类信息是指违背《中华人民共和国宪法》和《全国人大常委关于维护互联网安全的决定》《互联网信息服务管理办法》所明文严禁的信息，以及其他法律法规明文禁止传播的各类信息	互联网上的违反法律类信息涉及很多种类，大致包括淫秽、色情、暴力等低俗信息；赌博、犯罪等技能教唆信息；毒品、违禁药品、刀具枪械、监听器、假证件、发票等管制品买卖信息；虚假股票、信用卡、彩票等诈骗信息，以及网络销赃等多方面内容，其中最为突出的就是淫秽色情类低俗信息
违反道德类信息	违反道德类信息是指违背社会主义精神文明建设要求、违背中华民族优良文化传统与习惯以及其他违背社会公德的各类信息，包括文字、图片、音视频等。法律是最低标准的道德，道德是最高标准的法律。虽然违反道德类信息仅违背一般的道德准则，只会受到主流道德规范的谴责和约束，可一旦造成严重的后果和影响，就很容易演变为"违反法律类"信息	（1）以性保健、性文学、同性恋、交友俱乐部及人体艺术等内容构成的成人类信息； （2）与暴露隐私相关的信息； （3）容易引起社会争议，钻法律空子的"代孕""私人伴游"等信息； （4）"代写论文""代发论文"等学术造假、学术腐败信息； （5）与风水、占卜相关的迷信类信息； （6）与黑客技术交流、强制视频软件下载等相关的披着高科技外衣的信息
破坏信息安全类信息	破坏信息安全类信息是指含有病毒、木马、后门的高风险类信息，会对访问者的计算机及数据构成安全威胁。并且由于应用软件漏洞、浏览器插件漏洞等频发，仅依靠网民自身的安全意识，很难应对这类高风险信息	（1）隐蔽：打开此类信息后不会有什么特别之处，但在浏览内容时，暗含在网页中的木马、病毒、插件等恶意程序已经进驻网民的电脑中了； （2）诱惑：此类信息往往很具有诱惑力，多以明星照片、成人信息、免费下载为诱饵，吸引网民点击进入； （3）短时：此类信息的存在时间很短，多数是以攻击合法网站并用在其网页中加入恶意程序代码的方式传播，一旦被发现，很快就可以修复

应对措施

1. 掌握抵制网上不良信息侵害的方法

提高对网络信息的辨别能力，避免受网络不良信息侵害的主要方法如下：

（1）安装"网络防火墙"等比较成熟的网络软件，抵御有害网络的侵扰。

（2）对浏览器进行分级设置，净化网络空间。

（3）不安装不成熟的软件，浏览网页时，不要去点击广告窗口和其他不明窗口。

（4）坚信"天下没有免费的午餐""天上不会掉馅饼"，对于网络中"送大礼""点击挣钱"等诱惑要保持清醒的头脑。

（5）在打开网站时，对于自动弹开的一些广告窗口，要做到"不点击、不观看、不轻信"，并应及时关闭。

这样做，中职学生可以有效抵御一些不良信息的侵扰。

2. 合理取舍网络信息

学生的主要任务是学习信息处理方法，培养交流能力和对社会的适应能力，培养信息素养，培养抵抗不良信息的能力。通过互联网，中职学生可以学习如何检索、核对、判断、选择和处理信息，以达到对信息的有效利用。但是，如果缺乏正确的引导，他们就会在网络中"迷航"。因此，教师要引导中职学生妥善运用网络资源，并教会他们如何分辨其中的有害信息。

3. 努力规范网络行为

由于现在是网络时代，信息的交流及对事物处理和评价的方法、模式等都发生了巨大的变化，原有的道德准则和规范已经不足以约束中职学生的上网行为，他们在网络上存在"不正常"行为。对于这些"不正常"行为，中职学生要提高警惕，认识到它们的潜在危害，尽早建立网络环境中的行为道德规范，树立网络法制和网络伦理道德观念，提高分辨是非的能力，使上网行为符合法律法规和社会公德的要求。

4. 增强自控能力，加强自我保护和约束

中职学生要慎重选择上网场所、上网时间、浏览网页的内容，并选择那些通风环境较好、管理规范的网吧，坚决抵制不良网站的侵袭。另外，上网时要保持高度警觉，不要理会陌生人的搭讪，谢绝不明人员的邀请，躲避恶意网站、不良网络游戏、黑网吧，防止遭受非法侵害。

5. 防止"黑客"程序侵入计算机系统

对于个人计算机，中职学生要及时安装杀毒软件，可以有效防止计算机病毒的入侵，并且杀毒软件具有实时监控功能，可以有效抵制网络上不良信息，杀毒软件除了杀

毒功能外，还具有优化计算机性能、清理垃圾文件、防止恶意网站等功能。这些功能可以帮助中职学生提高计算机的运行速度，还能节省空间、保护个人信息。

练 习 与 思 考

1.怎样快速分辨网络信息是否有害？

2.作为中职学生，在传递网络"正能量"方面，我们应该怎样做？

第三节　安全上网，防范各类网络"陷阱"

案例导入

案例1：某职业学校学生小邱在宿舍上网，登录QQ后发现在国外留学的某好友也在线，于是就主动跟那位好友聊起天来。聊了一会儿，对方把视频功能打开了。小邱一看就是好友的影像，但此时，对方又将视频功能关闭了。该"好友"表示，自己的哥哥在生意上遇到一点麻烦，今天需要用钱，让小邱先给自己在国内的哥哥汇款3 000元应急。小邱信以为真，赶紧去银行办理了汇款业务。汇完款后小邱给好友打电话说已经汇钱了。好友问是什么钱，小邱说："你不是让我给你哥哥汇款3 000元吗？"对方回答："我没有呀！你被骗了吧？"这时，小邱才发现被骗了。

案例2：某高职院校学生王某在网上订购了一台售价仅为1 680元的苹果牌笔记本电脑。按照销售电话与卖方取得联系后，卖方以各种理由让王某先后五次汇款8 000元给他，但最终也没有把货送到王某手中。王某要求退款，对方先是答应下来，然后又用各种理由让王某向同一账号汇款12 800元。之后，就再也不联系了（图6-6）。

图6-6　防范网络"陷阱"（1）

　　案例 3：重庆某社区居民刘某某接到一通自称是"本市 ×× 区电信局"的电话。对方称刘某某在该市开户的电话欠费 630 元。见刘某某否认，对方又称可能是其身份信息被冒用所致，应该立即报案，并称可以帮其把电话转接到"市公安局 ×× 分局"。转接后，一名自称是 ×× 分局民警的男子接听电话，以刘某某涉嫌洗黑钱犯罪为由，诬骗他将名下存款转到指定账户以证清白（图 6-7）。刘某某信以为真，将自己银行卡内的 30 万元分多次转入不法分子提供的账户。

图 6-7　防范网络"陷阱"（2）

案例分析

　　在案例 1 中，不法分子利用 QQ 盗号和网络游戏交易进行诈骗，黑客程序破解用户密码，张冠李戴冒名顶替向事主的 QQ 好友借钱，若事主没有识别很容易上当。如果遇到类似情况，大家应当摸清对方的真实身份。需要特别注意的是，一些不法分子冒充熟人进行网络视频诈骗，即通过盗取头像的方式用"视频"与被骗者聊天，遇到这种情况时，最好先与朋友通过打电话等途径取得联系，防止被骗。

　　在案例 2 中，不法分子利用网络购物进行诈骗，要求当事人连续汇款，在网络购物诈骗案件中，不法分子一般采用团伙作案，有分工、有组织地进行诈骗活动。不法分子善于利用被骗者的心理，多以"保证金""退款"等名义要求当事人转账，从而获得更多的非法利益。

　　在案例 3 中，不法分子利用冒充公检法诈骗，不法分子冒充"公安局""检察院""法院"等单位工作人员号称，受害人涉嫌洗钱、贩毒、拐卖儿童、买卖器官、经济犯罪等，然后利用受害人急于"摆脱干系、减少损失"的心理，诱使他们将钱款转入所谓的"安全账户"中，以实现诈骗的目的。

知识要点

一、正确利用网络，绿色安全上网

随着互联网技术的发展和人们交流的日益频繁，网络文化因其自身的特征迎合了青少年新奇、挑战多元化的心理而走进了青少年的世界。中国互联网络信息中心发布的第51次《中国互联网络发展状况统计报告》显示：截至2022年12月底，中国网民规模（图6-8）达到10.67亿，其中超过1/3的网民属于学生群体。网络作为继报纸、广播、电视之后的第四大媒体，以其无可比拟的优势深刻地改变了学生的生存方式和生活状态。上网已经成为学生获取知识、了解时事、交流情感、查询信息、休闲娱乐的时尚途径。《青少年蓝皮书：中国未成年人互联网运用报告（2022）》显示，未成年人上网普及率已近饱和，近半年内的上网率达99.9%，显著高于73%的全国互联网普及率。当前，我国未成年人广泛接触网络文化并受其影响，已成为网络生态的重要主体。与此同时，未成年人由于身心不成熟、网络素养不足，容易出现网络成瘾、网络诈骗等问题。那么，中职学生应该如何正确利用网络，实现绿色安全上网呢？

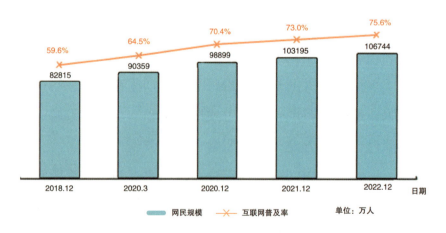

图6-8　网民规模和互联网普及率

（1）学校应当加强对中职学生网络素养宣传教育，培养和提高网络素养，增强学生科学、文明、安全、合理使用网络的意识，保障未成年人在网络空间的合法权益，依法惩处利用网络从事危害青少年身心健康的活动，为他们提供安全、健康的网络环境（图6-9）。

图6-9　为中职学生提供安全、健康的网络环境

（2）网信部门应当与公安、文化和旅游、新闻出版、教育、卫生健康、电影、广播电视等部门根据保护不同年龄阶段青少年的需要定期开展预防青少年沉迷网络的宣传教育，指导家庭、学校、社会组织互相配合。

（3）学校应当合理使用网络开展教学活动。未经学校允许不得将手机等智能终端产品带入课堂，带入学校的应当统一管理。发现学生沉迷网络后，学校应当及时告知其父母或者其他监护人，共同对学生进行教育和引导，帮助其回归正常生活。

（4）中职学生的父母或者其他监护人应当提高网络素养，规范自身的上网行为，在智能终端产品上安装网络保护软件、选择合适的服务模式和管理功能，以避免中职学生接触危害或者可能影响其身心健康的网络信息。

（5）任何组织或者个人不得通过网络以文字、图片、音视频等形式对中职学生实施侮辱、诽谤、威胁或者恶意损害形象等网络欺凌行为。中职学生有权向网络产品和服务提供者或网信、公安等部门投诉、举报（图6-10）。

图6-10　投诉、举报网络欺凌行为

二、常见的网络陷阱

1. 网络游戏装备及游戏币交易诈骗

随着网络游戏产业的快速发展，针对虚拟网络游戏的诈骗案件（图6-11）不断增多，常见的诈骗方式一是低价销售游戏装备，骗子利用某款网络游戏，进行游戏币及装备的买卖，在骗取玩家的信任后，让他们通过到银行转账的方式付款得到钱款后即食言，不进行交易；二是在游戏论坛上发表提供代练，待得到玩家的汇款及游戏账号信息后，代练一两天便连同账号一起侵吞。

图6-11　网络游戏诈骗

2. 交友诈骗

骗子利用网站，以交友的名义与事主初步建立感情，然后以缺钱等理由让事主汇款，最终将事主拉黑（图6-12）。

图6-12　交友诈骗

3. 网络购物诈骗

网络购物诈骗是指事主在互联网上购买商品时发生的诈骗案件（图 6-13 ）。

图 6-13　网络购物诈骗

网络购物诈骗的表现形式如下：

（1）多次汇款——骗子以未收到汇款或提出要汇款到一定数目方能将以前款项退还等各种理由迫使事主多次汇款。

（2）假链接、假网页——骗子为事主提供虚假链接或网页，交易往往显示不成功，让事主多次汇钱。

（3）拒绝安全支付法——骗子以种种理由拒绝使用网站的第三方安全支付工具，比如谎称"我自己的账户最近出现故障，不能用安全支付收款"或"不使用支付宝，可以再给你算便宜一些"等。

（4）收取订金骗钱法——骗子要求事主先付一定数额的订金或保证金再发货。然后就会利用事主急于拿到货物的迫切心理以种种看似合理的理由，诱使事主追加订金。

4. 网上中奖诈骗

网上中奖诈骗是指骗子利用传播软件随意向互联网 QQ 用户、邮箱用户、网络游戏用户、淘宝用户等发布中奖提示信息。而当事主按照指定的"电话"或"网页"进行咨询查证时，骗子以中奖缴税等各种理由让事主一次又一次汇款，直到失去联系，事主才发觉被骗。当登录 QQ 或打开邮箱时收到一些来历不明的中奖提示，不管内容多么诱人，千万不能相信，更不要按照所谓的咨询电话或网页查证，否则将一步步陷入骗局（图 6-14 ）。

图6-14　网上中奖诈骗

5. "网络克隆"诈骗

"网络克隆"是利用欺骗性的电子邮件和伪造的互联网站进行诈骗活动，获得受骗者财务信息进而窃取资金，作案手法有以下两种：

（1）发送电子邮件，以虚假信息引诱用户中圈套。不法分子大量发送欺诈性电子邮件，邮件多以中奖、顾问、对账等内容引诱用户在邮件中填入金融账号和密码。

（2）通过设立假冒银行网站，引导用户输入错误的网址。一旦用户在该网络上输入账号、密码，这些信息就有可能被骗子窃取，账户里的存款可能被冒领。

同学们如果收到有以下特点的邮件，要提高警惕，不要轻易打开：

（1）伪造发件人信息。

（2）以问候语或开场白模仿被假冒单位的口吻和语气，如"亲爱的用户"。

（3）已发送邮件内容多为传递紧迫的信息，如以账号状态将影响到正常使用或宣称正在通过网站更新账号资料信息等。

（4）索取个人信息，要求用户提供密码、账号等信息。

（5）发送邮件，以超低价等为诱饵诱骗消费者。

针对假冒网上银行的行为，大家要注意以下六点：

（1）在登录网上银行时，应留意核对所登录的网址与银行法定网址是否相符，谨防被假冒银行网站欺骗。

（2）妥善保管账号和密码，不要选诸如身份证号码、出生日期、电话号码等作为密码，建议用字母、数字混合的形式设置密码，尽量避免在不同系统中使用同样的密码。

（3）做好交易记录，对网上银行、网上证券等平台办理的转账和支付等业务做好记录，定期查看"历史交易明细"和打印业务对账单，如发现异常交易或差错，应立即拨打官方客服热线确认。

（4）管好网银数字证书，避免在公用计算机上使用网上交易系统。

（5）万一账号资料被盗，应立即修改相关交易密码或进行银行卡挂失。此外，连网的计算机要安装防火墙和杀毒软件，不要轻易下载或打开来源不明的文件，防止个人账户信息被黑客窃取。

（6）通过正确的程序登录支付网关，通过正式公布的网址进入网站，不要通过用搜索引擎找到的网址或其他不明链接进入网站。

6. 订购机票、火车票诈骗

年关将近，忙碌了一年的大学生们开始放缓奔忙一年的脚步。与此同时，骗子已经瞄准了春节前学生疲于学习、忙于考试、准备回家的"思维疲软期"，利用网络购物、网络订票等"学生潮"大行其道。校园里，随处可见寒暑假网络火车票、机票预订等小广告。面对寒暑假期间"一票难求"的现状，许多同学倾向于通过网络订购车票。但是请同学们不要轻信网站要求先付款后送票的交易请求，尽可能一手交钱、一手交货；同时，在领取网购机票、火车票的时候，也要注意当场识别车票的真伪。

7. 针对大学毕业生就业、在校生兼职的诈骗

由于网络经济的发展与成熟，越来越多的毕业生选择在网上投递简历，大部分企业单位也更愿意先从网上进行初期的人才筛选工作，一些网络骗子正是看准了这个机会，对求职心切、社会经验不足的大学毕业生进行诈骗。他们大多冒充某国际或国内著名企业，甚至世界500强的企业工作人员，自称是某助理或某主管，给学生们打电话时，先进行一番摸底后，再要求通过电话面试，然后以各种理由让应聘者交纳手续费、押金等；或是套取求职者信息，向其亲属实施诈骗。骗子手段花样翻新，请同学们时刻牢记一点：向你索要银行卡账号和密码的，大概率是骗子。

8. 针对各种资格、等级考试的网络诈骗

随着就业形势的日趋严峻，同学们对于自身的要求也不断提高，马不停蹄地参加各种各样的等级、资格考试，希望借此来提升自己的含金量和就业竞争力，比如英语四六

级考试、小语种等级考试、托福考试、雅思考试、计算机等级考试、会计师考试、司法考试、人力资源师考试、秘书证考试、导游证考试……"考证热"急剧升温。在网络上，提供各种考试信息、考试资料、预测考题、考试答案的诈骗网站也层出不穷，作案手法有些类似网络购物的流程。

9. 针对学术论文的最新形式网络诈骗

当前，许多高校的学子（包括硕士、博士和博士后）要顺利毕业或者出站，无不需要发表若干篇论文，可是，当前期刊界，想要在权威的学术期刊或网站发表论文，不仅要下一番苦功，还要考虑多方面的因素，甚至在煞费一番苦心之后也不见得能够发表一言半语。目前，一种号称能帮助发表学术论文的虚假网站应运而生，诈骗手法主要有以下两种：

（1）网站声称把你写好的论文推荐给某些核心期刊，优先安排发表。按网站要求，需要先交50%的论文发表预付款，在你交完，把文稿寄过去后，一切就石沉大海，论文不能见刊不说，钱也白交了，哪里还能要回来。

（2）嫌疑人在网上设立与知名杂志同一名称的虚假网站，给受害人发送其文章可以在网站录用的接收或录用函，并给予其账户，以让其向指定账户汇入版面费为由实施诈骗。

应对措施

面对以上形形色色的网络诈骗手段，作为中职学生群体应该采取以下方法有效地识别、应对和防范。

一、中职学生如何防范各类网络陷阱

（1）不贪便宜。虽然网上的东西一般比市面上的要便宜，但对价格明显偏低的要多个心眼，这类商品不是骗局就是以次充好，一定要提高警惕，以免受骗上当（图6-15）。

（2）使用比较安全的支付工具。在网上购物时要仔细查看、不嫌麻烦，先看一下卖家的信用值，再确定商品的品质，一定要使用比较安全的方式支付，而不要怕麻烦采取银行直接汇款的方式。

（3）仔细甄别，严加防范。要注意域名，克隆网页再逼真，与官网的域名也是有差别的，一旦发现域名多了"后缀"或篡改了"字母"，一定要提高警惕。特别是要求提供银行卡号与密码的网站更不能大意。

（4）千万不要在网上购买非正当产品。如手机监听器、毕业证书、考题答案等，在网上叫卖这些所谓"商品"的几乎百分之百是骗局，不能参与违法交易。

图 6-15 不贪便宜

（5）凡是以各种名义要求先付款的信息，请不要轻信，不要轻易把自己的银行卡借给他人。你的财物一定要在自己的控制之下，不要交给他人，特别是陌生人。遇事要多问几个为什么。

（6）提高自我保护意识，妥善保护个人信息，如本人证件号码、用户各密码等，不向他人透露，尽量避免在网吧等公共场所使用网上电子商务服务。

二、中职学生如何应对诈骗

（1）一旦发觉对方可能是骗子，马上停止汇款，不再继续交钱，防止扩大损失。

（2）马上进行举报，可拨打官网客服电话、学校保卫处电话、当地派出所报警电话，向有关部门进行求证或举报。

综上所述，根据网络诈骗犯罪的猖獗程度，除了需要公安机关严厉打击外，老百姓也要提高防范意识，掌握一些网络诈骗防范措施。在使用网络的时候不要点击陌生网页链接，及时给计算机杀毒，在购物的时候选择正规网购平台，经常更改用户名、密码等。如果一旦遭遇网络诈骗，需要收集相关线索，马上报案。

练 习 与 思 考

1. 如何确保上网目的明确，让自己不在网上游手好闲？

2. 如何优化学校网络心理健康教育管理平台？

自然灾害 沉着应对

第七章

第一节 雾霾天气

案例导入

2022年12月28日，河南省部分地区出现了严重的雾霾天气，而雾霾使道路能见度大幅降低，给行车带来了风险。在郑州郑新黄河大桥新乡往郑州路段，一货车司机由于大雾而无法准确判断与前车的距离，追尾了，导致多车连撞，引发了严重的交通事故，最终使1人不幸遇难（图7-1）。

图 7-1　雾霾天气导致的交通事故

案例分析

雾霾天气导致空气质量和能见度下降，如果此时高速公路封闭不及时，则会造成交通事故。同时，其还会使人产生呼吸系统疾病和过敏，影响大家的身体健康并给正常生活造成严重影响。

知识要点

一、雾霾的成因

雾霾天气的主要原因有以下几条。

（1）气压较低。

（2）汽车尾气排放。

（3）随着房地产的蓬勃发展，建筑垃圾和粉尘也随之暴露在空气中，成为雾霾的主要来源。

（4）随着冬季的到来，热力公司努力确保市民的取暖需求得到满足。然而，目前的取暖方式仍然以燃烧煤炭为主，不仅会产生大量粉尘，还会释放出大量硫化物，从而导致雾霾天气出现。

二、雾霾对身体的危害（图 7-2）

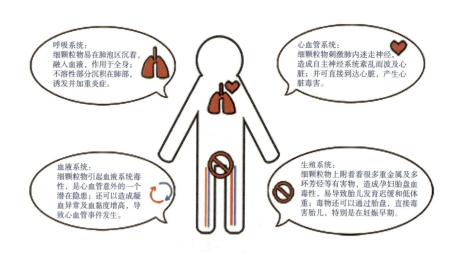

图 7-2　雾霾对身体的危害

（1）霾的危险程度不容忽视，其微粒可以通过空气的流动侵袭呼吸器官，导致人们患上严重的疾病，如慢性阻塞性肺病、哮喘、慢性咽喉疾病、慢性荨麻疹、慢性咽喉痛、慢性腹痛、慢性腹泻。

（2）当雾气笼罩时，光照的强度降低，使辐射量变得微弱，从而导致维生素 D 的生成量显著降低，进而影响钙的摄入，甚至导致人体生长发育缓慢。

（3）雾霾天气会对人的心理造成负面影响，因为它会使光线变得暗淡，还会造成低气压。这会使人感到懒惰、沮丧和悲伤，甚至会导致情绪失控。

（4）随着空气污染的日益恶化，雾霾的出现使空气中的氧化物和活性氧的含量都显著提高，这些氧化物和活性氧的含量都超过了正常的水平，这种空气污染更容易造成慢性的肺部和肝部损伤，并且更容易使人患上心血管疾病、肺部肿瘤和肺部结石等。

应对措施

若遇雾霾天气，大家应做好各种防护（图 7-3）。

图 7-3　做好防护

（1）出门戴口罩。

（2）雾霾天气少开窗。

（3）饮食清淡多喝水。

（4）适量补充维生素 D。

（5）做好个人卫生。

第二节　高温天气

案例导入

　　2022年8月，长江中下游地区高温天气持续。8月13日白天，陕西省、四川省、河南省、湖北省、山东省南部区域、安徽省、江苏省、上海市、江苏省、山东省、江西省、湖南省、贵州省北部、南疆盆地以东、内蒙古自治区中西部等地将出现35～39℃的炎热天气，而陕西省东南部、四川省东部、湖北省西部、湖南省北部、江西省、安徽省中部、江苏省南部、上海市、江苏省中北部一些地方的最高气温将会升至42℃，给人们的生活带来了极大的不便。

案例分析

　　随着全球气候的恶化，夏季将更炎热。"新常态"和"开始早，结束晚，持续时间长"的高温热浪事件将更加突出，前者的持续时间更加漫长，发生的时机更加不确定。

知识要点

一、高温天气的危害

　　当气温超过35℃后，就可能导致人体的体温调节功能受到影响，引起疲劳、烦躁和发怒等症状。高温天气还会给交通、用水、用电等方面带来严重影响。所以，应将高温视为和雷电、地震、海啸等破坏性灾害一样重视。

二、高温预警及防御指南

三级高温预警标志着天气炎热，有黄、橙、红三种颜色。

1.高温黄色预警及防御指南

（1）黄色预警的标准：连续 3 日最高气温超过 35℃。

（2）为了保证公众的健康，各相关部门及机构都应该认真履行其职能，加强夏季防暑降温的宣传教育，并且在午后及夜晚，提倡人们进行适宜的休息。

2.高温橙色预警及防御指南

（1）根据橙色预警的要求，在 24 小时之内，当地平均气温将超过 37℃。

（2）为了确保公众的健康，各相关部门和机构需要认真执行防暑降温的各项规定；建议为老年人、儿童、残疾人、孕妇、患者等特殊人群，提供专业的防暑降温指导；同时，也建议他们采取一些必要的防护措施，如减少室内的热浪，同时建议他们加强安全管理。

3.高温红色预警及防御指南

（1）根据 24 小时内的监测数据，当地平均气温将超过 40℃。

（2）根据红色预警的提示，相关部门和机构必须根据自身的职能，迅速开展防暑降温的紧急处置工作；禁止在户外进行任何形式的露天作业（除特殊行业外）；同时，为了确保老年人、儿童、患者、孕妇等特殊人群的安全，必须加强安全管理。

应对措施

应对高温天气的措施如下。

（1）高温时间外出时，应备好太阳镜、遮阳帽、清凉饮料、清凉油、风油精、藿香正气水等防暑用品。

（2）在长途旅行中，应该经常站起来活动，而不是休息。

（3）如果发现有人出现中暑的情况，请立即把他送往通风的场所，并帮中暑者敞开衣服散热。您还需要定期为他吹气，使他感觉舒适。此外，你还需要为他的头部提供一些物理降温的方法，如让其饮用冰镇的水和口服的藿香正气水。如果是重症中暑者，可在其额头上、两腋下和腹股沟等处放置冰袋（冰块也可以）；同时，用 75% 的酒精（白酒也可以）擦拭其全身，如果病情严重，应及时将其送往附近的医院治疗（图7-4）。

图 7-4 救治重症中暑者

第三节 台 风

案例导入

　　台风"利奇马"于 2019 年 8 月 4 日 15 时许获得日本气象厅命名，8 月 7 日 5 时许被中央气象台升格为台风，8 月 7 日 23 时许被中央气象台进一步升格为超强台风。

　　受台风"利奇马"影响，济宁市各县市区出现强降雨天气。8 月 11 日上午 9 时，邹城市东方圣都北桥洞下一私家车被淹，车内驾驶员被困，迫切需要救援。接到报警后，济宁市消防救援支队邹城大队古塔中队立即赶赴现场实施救援。消防人员到达现场后发现，桥下地势较低，桥洞积水严重，水深达 1 米，而一辆 SUV 由于不清楚路况而涉水，导致抛锚熄火被困在水中，车内驾驶员被困，情况紧急。了解情况后消防救援人员立即穿戴救生衣，携带 6 米拉梯，蹚水进入水中展开救援。大家共同努力下，最终成功打开车门，将被困女子转移至安全地带。

案例分析

　　台风的破坏力极大，所到之处往往伴随强风和暴雨，极易引发城市内涝，给城市交通，特别是给人们的驾车出行带来了极大影响，增加了驾驶难度。

　　在该案例中，司机在台风天气，驾车经过桥洞等低洼易积水地带，是一种错误且危险的行为，如消防人员未及时救援，后果难以想象。

知识要点

一、龙卷风

　　龙卷风威力巨大，其特殊的漏斗形结构使其能够迅猛而持久地穿越卷积云，其风速之快，令人难以想象，能够轻易摧毁建筑物、树木、车辆等，甚至可以将碎片抛向数千米的高空。

龙卷风刮起前的预兆如下。

（1）强烈的、连续旋转的乌云。

（2）在云层之下，空气中弥漫着旋转的灰尘和碎片。

（3）冰雹和雷雨的出现使风向发生了变化。

（4）持久不断的隆隆雷声。

（5）盘旋的低云层。

二、台风

台风，是热带气旋中的一个类别。台风常带来狂风、暴雨和风暴潮。

我国把西北太平洋的热带气旋按其底层中心附近最大平均风力大小划分为 6 个等级，将风力为 12 级或以上的，统称为"台风"。台风按等级又可分为一般台风（最大风力 13 级）、强台风（最大风力 15 级）、超强台风（最大风力超过 16 级）。

应对措施

一、龙卷风的防范措施

（1）在家里时，请避开门、窗和周围的墙壁，并选择一个与龙卷风方向相反的位置（如一个小房间）躲起来。

（2）当人在地下室或半地下室中时，龙卷风的威胁可以得到有效降低。

（3）当发生电线杆倒塌或房屋倒塌的紧急情况时，应立即断开电源，以避免人员受到电击或火灾的伤害。

（4）当遇到龙卷风时，驾驶汽车的人一定要小心，不要贸然前行，也不要在车内躲避，因为汽车对龙卷风的抵抗能力有限，最好的办法是立即离开汽车，前往低洼处躲避。

二、台风的防范措施（图 7-5）

（1）在台风即将到来之前，我们应该仔细检查所处的地方，确保不会受到台风的威胁，还要熟知撤离路线和政府提供的安全避难所。

（2）随着台风的临近，人们应该密切监测天文信息，如收听广播、收看报纸等；同时，应该确保家中的安全设施得到妥善保护。此外，还应该做好充足的饮用水、生活必需品和医疗保健用品的准备。

（3）如果住在可能会遭受泥石流灾害的房屋中，请立即离开，并与亲人和朋友保持联系。最好选择一个地势较高的建筑物，或者前往事先指定的洪水区域。

（4）一旦台风警报解除，请务必保证其是通过有线广播或卫星接收到的新闻通知，并确保所有人都已经到达安全的场所。

图 7-5　台风的防范措施

第四节　雷雨天气

案例导入

　　2022年7月2日18时28分，由于一场极端的强降水（图7-6），河北省石家庄市鹿泉区上庄镇台头村村北牌楼顶冠（由钢筋混凝土水泥砖瓦混合材料制作）从12米处滑下，导致9名居民受伤严重。

图7-6　极端的强降水

案例分析

　　当暴风雨来临之际，大家避雨时一定要随时关注自己周围的环境，不能在房屋结构不坚固的地方进行灾害躲避，更不能靠近电力设施、树木等危险之物，否则很容易发生该案例中的悲剧。

知识要点

　　雷电按产生的原因和危害程度可以划分为三类：直击雷、感应雷、球形雷。

一、直击雷

直击雷是指由于强烈的闪电而使周围的空间发生变化的现象。这种现象通常发生于云层附近，并且通常伴随着强烈的闪电。

雷电流的强度可以瞬间将其转化为大量的热能，这些热能可以使易燃物品燃烧，也可以使金属熔化，从而导致火灾的发生。

二、感应雷

感应雷是指一种潜在的威胁，它可以直接或间接地对周围的金属造成损伤。这种现象可能源自雷暴带来的静电和电磁效果，并可能会对周围的结构造成损伤。它的发展可能会对人类造成严重的伤害，尤其是对于那些隐蔽的、难以发现的结构。

三、球形雷

球形雷是指一种可以从任何角度看到的强烈的火焰，它们可以穿过门、窗、烟囱等通道，给人们带来极大的危险。

应对措施

一、雷电的应对措施

（1）避雷针可以预防直击雷。

（2）线路接地可以预防感应雷。

（3）遇球形雷时千万不能跑。避免被球形雷伤害最有效的方式就是关闭门窗，以防止它们进入室内，这样可以有效地避免它们爆炸，从而保护室内的电源、信号、网络设备。

二、避雷的措施（图7-7）

雷电是一种不可避免的自然现象，但我们可以通过采取有效的措施来减少它对人的伤害。

图 7-7　避雷的措施

1. 室内避雷措施

（1）当下雨时，最好待在室内，避免外面活动，同时密封房间的门窗，以免雨水渗透进房间。

（2）当遇到雷雨天气，应避免接触到任何可能危害人身安全的电子产品，如电视、计算机、手机。同时，请勿接听或拨打任何电话。

（3）请断开电器的电源，如电风扇、电视机、录音机、吹风机和熨斗。请将没有安装防雷器的户外天线从电气系统中移除。

（4）不要接触煤气管道、暖气管道、自来水管道、水池和电线等装置。

2. 室外避雷措施

（1）当遇上暴雨天气时，为了确保自身的安全，最好赶紧逃往一个拥有良好防护措施的场所，要远离比如电线杆、铁轨、大树、烟囱，以免受伤。

（2）在车内避雨要关好车门；不要骑自行车或开车在雷雨中行驶。

（3）当天气变化剧烈，不要在山坡或者高处逗留，也不要站在荒芜的农田中。应该远离那些拥挤的、有尖角的建筑；不要使用任何遮挡的用品，比如伞，也不要携带任何金属制品。

（4）不要急于行走，因为随着速度增加，腿也将承担更多的冲力。

（5）如在游泳时遇到雷雨，要立即上岸，不要待在开阔的水域或小船上。

三、遭遇雷击时的现场急救方法

（1）当衣物被点燃时，最好立即坐在地上，以免被烈火吞噬。为了避免产生更大的损失，建议向受害人的脸部喷洒凉水，并将伤口包扎起来。

（2）若被触发的人处于昏迷或呼吸困难的状态，应当迅速采取措施，包括但不限于安静休息、解开衣领、施加人工气道和进行胸外心肺按摩，以及其他急救措施。

（3）如果遭遇雷击，建议伤者尽量躺下，并尽快将其送往医院接受进一步治疗。同时，也需要对患者进行额外的护理，如为其头部冰敷，在处理雷击的伤情时，应先消毒再包扎。

（4）在雷雨天气，特别是在室内时，应该避免与任何可能携带危险物质的物品接触，如电源、通信等可能影响安全的物品；同时，也应该避免使用水龙头。

（5）当遭遇雷击时，应该远离树木和桅杆，尽量保持身体平衡，双脚并拢蹲下；不要使用手机，也不要打伞；摘掉金属饰品。

第五节　寒潮和雪灾天气

　　2022年10月7日，山东省海上搜救中心紧急启动海上风暴蓝色预警，以防止可能的灾害发生。10月9日下午到10日白天，渤海、渤海海峡海上风力达到7～8级，阵风9～11级。

　　10月10日上午，两艘小型油船由舟山港驶往潍坊港，进入长山水道西向航行，烟台船舶交通管理中心值班人员发现两艘油船的航速仅为3节左右，建议两艘油船选择安全位置抛锚避风，两艘油船均表示船况良好不用避风。然而仅过去了30分钟，两艘油船均向船舶交通管理中心求援，称因风大船舶操纵困难，无法保证安全，请求帮助其联系安全位置抛锚避风。考虑到港外水域无法提供有效遮蔽，一旦由于触礁搁浅而导致燃料油泄漏，后果将极其严重。经多方协调，值班人员最终安排两艘油船前往龙口胜利港港池内避风，成功化解了险情。

案例分析

　　经过调查后发现，本案件中的两艘油船所属航运公司没有相应的防抗寒潮大风的须知文件或规章制度，在接到海上大风预警后未能向船舶提供有效的岸基支持；两船船长对北方海域寒潮大风带来的安全风险缺乏正确认识，在接到海上大风预警后，未能有效评估风险，而是选择冒险航行。

知识要点

一、寒潮

　　来自高纬度地区的寒冷空气在特定的天气形势下迅速加强并向中低纬度地区侵入，

造成沿途地区剧烈降温、大风和大雨或雪灾天气，这种冷空气南侵达到一定标准时就称为寒潮。寒潮在我国各地都可能发生，引发的大风、霜冻、冻害、雪灾等灾害对农业、交通、电力有很大影响，低温环境还会大幅降低人体的免疫力，从而诱发各种疾病，甚至发生生命危险。

二、雪灾

雪灾（图7-8），也被称为白灾，是一种由持续的大量降雪导致的自然灾害。在冬季，适当的积雪可以帮助农作物渡过难关，减少大气污染，但如果降雪过多，甚至出现持续数天或数十天的暴风雪，就可能导致严重的灾害发生。

图 7-8　雪灾

应对措施

一、寒潮的应对措施

在寒潮天气里，如果皮肤苍白、麻木，出现充血、水肿、发痒和疼痛等症状，可能产生了冻伤，要尽快治疗，具体措施如下。

（1）请尽快搬到舒适的地方，解开衣物，使用毛巾或毯子保护全身，不要搓揉受冻的部位。

（2）当呼吸暂时中断时，应迅速打通气管，实施人工呼吸。当血压下降，应使用心脏起搏器来实施心肺复苏。

（3）若只有手脚冻伤，可将手脚泡在温水中（37～40℃），也可喝温热的饮料，但不可以用热水浸泡。

（4）冻伤部位恢复后，要消毒患部并包扎起来并送往医院治疗。

二、雪灾的应对措施（图 7-9）

（1）出门时注意防寒防滑。

（2）储备好生活物资，做好防雪灾和防冻害的准备。

（3）不要到临时搭建物下躲避。

（4）注意防止鼻子出血。

（5）注意保暖，不要乱脱衣服，以免引起呼吸系统疾病。

（6）停止乘坐一切交通工具。

（7）必要时，应停止一切不必要的室外活动。

图 7-9　雪灾的应对措施

第六节　冰　雹

　　2023 年 2 月 5 日凌晨，在沿榕高速羊场段突遇强对流天气，下起了冰雹（图 7-10）并伴有强降雨。当日 3 时许，镇远段发生一起小车单方事故。该汽油机前保险杠受到了严重的破坏，汽油机右侧的车灯也出了问题。为确保行车安全，民警立即清理现场并做好事故现场警示工作。

图 7-10　冰雹

　　驾驶人当天从德江出发，驶出龙井隧道，由于车速稍快，路面很滑，车辆偏移后突然撞上右侧桥墩，并在惯性的作用下旋转 180° 后，横停在超车道上。但是如果在一些极端天气下，如在水雾天或者是下雪天气时，我们只需要减速慢行并且打开防雾灯。在这里也要提醒所有人员，如果在行车时遇到了极端天气，不要过于紧张，保持平稳的心态，然后缓慢行驶，千万不要因为追求速度而把自己的安全抛之脑后。当发生紧急情况时，应当按照"车靠边、人撤离、即报警"的规定采取有效的应急措施。

知识要点

冰雹（图7-11）是一种危险的天气现象，它的产生源于地面上的水分经过阳光的照射，变得更加浓稠，并且随着时间的推移逐渐变得更加稳定，最终变成巨大的冰块。冰雹能够严重破坏农作物、工程、通信、能源、交通和人类的健康。由于它的出现往往是突如其来的，很难被预测，会导致灾难性的后果。为此，我们必须熟悉冰雹的性质，并采取适当的预防和控制方法。

图7-11　危险的冰雹

应对措施

冰雹的应对措施如下。

（1）出门前关注天气预报。

（2）户外行走时立即到安全的地方暂避，迅速寻找遮挡物。

（3）远离窗户玻璃等易碎品。

（4）请务必小心应对冰雹和闪电带来的危险。

（5）妥善安置室外物品，不要在阳台上放置花盆等物品。

（6）请勿靠近孤立的建筑物，如棚屋、岗亭或大树，以免被雷电击中。

（7）关闭手机等电子产品。

第七节　地　震

　　在 2008 年汶川大地震中，当无数人感到绝望时，而四川一所学校内的师生无一人伤亡。该学校的校长望着眼前倒下的教学楼废墟和身旁安然无恙的稚嫩面孔时，瞬即就感觉到了生与死的两极世界（图 7-12）。

图 7-12　地震

　　当该校校长刚开始进行地震演练的时候，师生们并未将此放在心上，每次都要花 10 分钟才能集合完毕。但校长依旧坚持演练，一次次找出问题并改进。

　　他为每个班规划好了逃生路线，并让老师辅助学生逃生。为了确保学生的安全，他要求在学生的休息时间，要有老师站在楼梯拐角，这样可以及时将摔倒的学生扶起，避免出现踩踏事故，在演习时也一样。

　　另外，该校校长还将老师们明确分组，让他们负责不同的工作（图 7-13）。

图 7-13　在灾难中保护自己

知识要点

一、地震基本常识

每年的 5 月 12 日是全国防灾减灾日。为了纪念汶川地震遇难者，我们应该牢记历史教训。

地震这一极具破坏性的自然灾害，不仅会对人类的生命和财产构成了巨大的威胁，而且会对社会经济发展造成极大的损失。

预测地震对于减轻灾害带来的损失至关重要。根据地震发生的时间，可将其划分为中长期预测、短期预测和震前预测。使用先进的监测技术后，我们可以更准确地预测地震。

二、地震的预兆

当我们通过感知器来监测地震的发生时，这种可感知到的情况便被称作宏观异常或地震前兆。

（1）地下水可能会有各种不同的反应，如混浊、沸腾、漂浮、加热、变色、有异味、急剧上涨、急剧减少、井口变形、来自某个来源的水流失。

（2）生物异常。其中，动物异常有大牲畜、家禽、穴居动物、冬眠动物、鱼类等。牛羊骡马不进厩，猪不吃食狗乱咬；鸭不下水岸上闹，鸡飞上树高声叫；冰天雪地蛇出洞，大鼠叼着小鼠跑；兔子竖耳蹦又撞，鱼跃水面惶惶跳；蜜蜂群迁闹哄哄，鸽子惊飞不回巢。这些都是动物异常的表现，除了出现震前的异常反应外，一些植物还会出现其他特征，如不适宜的发芽、开花、结果，甚至会出现大面积的枯萎和异常繁盛。

（3）气象异常。震前的气候变化可能会导致人们感到焦虑和烦躁，长期干旱或暴雨可能会导致黄雾笼罩大地，日光变得阴暗，狂风暴起，6 月可能会下冰雹，天空可能会出现地震云等。

（4）地声可以被视为地震前的一种特殊信号，可能是巨大的爆炸声、雷鸣声、重型机械的轰鸣声、狂风呼啸声等，而这些都是地震发生的明显预兆。

（5）地光异常。地光是震前来自地下的光亮，其颜色为罕见的混合色，如银蓝色、白紫色等，但以红色与白色为主；其形态也各异，有带状、球状、柱状、弥漫状等。

（6）地气是一种特殊的气体，它可以从地下涌出，呈现出白、黑、黄等多种颜色，有时甚至是无色的，通常会在地震发生前几天到几分钟出现，并伴有一股特殊的气味，有时还会发出刺耳的声音。

（7）地动是一种异常的现象，它表现为地面发生剧烈的摆动，这种摆动比地震发生时的速度要快，而且通常无法被地震仪检测到，但能被大多数人感知到。

（8）在地震之前，地表可能会出现一个明显的鼓状物，且会在几天内突然膨胀，并不断重演，一旦受到外力的影响，就会突然爆炸。

（9）在发生地震之前，许多家庭设备，如收音机、电视机、日光灯等，都会发生明显的电磁变化，这种变化就是电磁异常。

应对措施

一、当地震来临时，要做好以下防范措施

（1）一旦发生地震，要保持冷静，不要在慌乱中乘坐电梯，也不可以跳楼（图7-14）。

图 7-14 不乘坐电梯也不跳楼

（2）如果在室内，赶快就近蹲、坐或趴在相对安全的地方，如躲避在坚实的家具下或内墙墙根、墙角处，也可到承重墙较多的厨房、厕所、储藏室去（图7-15）；要尽量蜷曲身体，降低身体重心，并用软垫、脸盆等保护好头部、眼睛，掩住口、鼻，待震后再迅速撤离到室外。

图 7-15　躲避地震

（3）为了尽量避免地震带来的伤害，最好是到一个宽敞的场所。同时，应注意周围的环境，避开危险的地方。

（4）地震之后，通常还会发生多次余震，这可能会导致情况进一步恶化。为了避免受到伤害，我们应该尽力改善周围的环境。此时，如果身边有应急包，它将会保障我们的安全。

二、震后自救的方法

在大地震中，即使是被倒塌的建筑物压埋的人，只要他们的意识仍然清晰，身体状况良好，就应该坚定信心，采取有效的措施保护自己，积极采取自救行动。

（1）为了确保安全，应该使用湿毛巾、衣服等材质来遮盖嘴巴、鼻子，并确保自己的头部不受到伤害。此外，应该多锻炼自己的肢体，去掉面颊的灰尘，并且确保呼吸顺畅。最后，应该为自己提供更多的活动场所，确保自己有充足的氧气。

（2）为了躲避危险，应该努力寻找并开辟出一条安全、舒适的逃生之路，朝着一个更加明亮、宽阔的地方前进。

（3）当遇到危急情况时，应该努力保持体力充沛，并且要有效地利用可以利用的资源，以便最大限度地缩短逃亡时间，还要及时准备好水源，在必要时，可以利用尿液来缓解口干。

（4）请保持冷静，不要盲目地大声呼救。如果周围没有人，或者听到外面有人活动，可以使用砖块、铁管等工具敲击墙壁，向周围传递信息。如果确认不远处有人，应立即呼救。如果受伤，则尽快包扎，以防止流血过多。

第八节　泥石流与山体滑坡

2022 年 5 月 8 日中午 12 时，贵州省毕节市织金县城关镇白岩村突然发生一起严重的山体滑坡事故，导致 3 名村民不幸遇难（图 7-16）。

图 7-16　山体滑坡

案例分析

这些滑坡的山体是一场严重的地质灾难，当地的许多住户都选择了转移地点居住，而一些人则不顾一切地前往危险的环境，并开始农耕活动，从而导致了悲剧的发生。

知识要点

一、泥石流

泥石流的特性使它与普通的山洪有着本质的区别：由于含有 15% ~ 80% 的土、石、水等，它的流速、流量和冲刷撞击能力均比普通山洪强。

1. 泥石流的类型

（1）根据其形成的地形，泥石流可以分为三种：河谷、山谷和山坡。

（2）泥石流可以根据其流动特征分为三类：黏稠型、稀薄型和渐变型。

（3）根据物质冲出量的不同，泥石流的范围也有所不同：最高的可达10万立方米的，其次是3万～10万立方米的，最低的是小于3万立方米的。

2. 泥石流的形成

泥石流是由泥、沙、石块与水体组合在一起而成并沿一定的沟床运（流）动的流动体，因此其形成就要具备三个条件，即水体、固体碎屑物及一定的斜坡地形和沟谷。水体主要源自暴雨、水岸溃决、冰雪融化等，而固体碎屑物来自山体崩塌、滑坡、岩石表层剥落、水土流失、古老泥石流的堆积物及由人类经济活动（如滥伐山林、开矿筑路等）形成的碎屑，其地形条件则是自然界经长期地质构造运动形成的高差大、坡度陡的坡谷地形。

二、山体滑坡

不论何种类型、性质、特征的滑坡，都会先出现一系列异常现象（图7-17）。

图7-17 山体滑坡前的异常现象

其归纳起来有以下几种。

（1）在滑坡发生之前，在滑坡前缘坡脚处，可能会出现多年来一直被堵塞的水重新流出，或者出现泉水突然枯竭、钻孔水位发生剧烈波动等异常情况。

（2）在滑坡体中可以看到明显的横向和纵向裂缝，这表明滑坡体正在不断前进，因受到外力的压迫，已处于危险的临界状态。

（3）在滑坡发生前，土体出现了上隆（凸起）的现象，这表明滑坡正在朝着前方推进，这是一个重要的预兆。

（4）在大滑动发生之前，岩石会发出裂缝或被剪切挤压的声音，这表明岩层正在发生深层变形和破坏，而动物对此非常敏感，会出现异常反应。

（5）在滑坡发生之前，周围的岩石（上部）可能会出现轻微的崩塌和松动。

应对措施

一、泥石流的应对措施

（1）如果发生泥石流，请尽快朝着沟壑两边的山坡或高处跑去，如果来得及逃离，请紧紧抓住河边的树枝，以免受伤。

（2）请勿沿着河流或山谷前进，且应在逃生时应抛弃重物。

（3）请勿滞留于泥泞的地方，更别选择那些满是碎石、淤泥的陡峭的山坡。

（4）当进入河谷时，应该格外小心，山体滑坡声和暴雨咆哮声，这些都有可能预示着泥石流的降临，此时应该立刻离开，前往安全的高处，而非停留在低洼处。

二、山体滑坡的应对措施

（1）居民应该在暴雨期间密切关注周围的山体，仔细检查房屋的结构，以确保它们不会出现裂缝，并积极采取措施转移到安全的地方。

（2）当发生山体滑坡时，应立即朝着滑坡的方向跑去，并在周围寻找安全区域。

（3）当无法继续逃离时，要迅速抱住身边的树木等来固定身体。

（4）当发生山体崩塌时，应尽量躲开坚固的障碍物，并使用周围的衣物包裹头部，而不是沿着滚石的方向逃离。

三、泥石流或山体滑坡自救逃生的方法

（1）在漫无目的穿越崎岖的山路时，若突然下起暴风雨，应立即赶往安全的高处。

（2）建议选择较为稳定的高处建立营地。如果遇到泥石流，则需立即朝着两侧的山坡攀登，以最短的距离抵达，而且必须迅速逃离，千万别走到泥石流的下游。

（3）逃生时，不要沿着山泥可能倾斜的方向奔跑，而应朝山泥可能倾斜的两侧高处躲避（图7-18）。

图 7-18　逃生

（4）如果被困住了，首先应该保持冷静，可以尝试用手撑住头部，向前趴下并用力吸气，以使自己从泥泞的环境中逃脱。

第九节　户外旅行

案例导入

2023 年 1 月 27 日下午 3 时 11 分，吐鲁番市消防救援支队接到一通紧急求救电话，对方称一名越野爱好者在鄯善县库木塔格沙漠遭遇了危险，急需救援。为了尽快解救这名被困人员，指挥中心立即派出新城路消防救援站的 1 车 5 人前往现场。由于事发地点位于沙漠腹地，交通不便，手机信号差。消防救援人员迅速联系辖区内的蓝鹰救援队，以及公安、医疗等单位的人员一起不断修正坐标，努力搜寻并逐步靠近被困人员的位置。3 时 57 分许，救援人员在沙漠中找到了被困人员。

案例分析

如今，户外旅行成为不少人追逐的新风尚（图 7-19）。然而，在前往偏远地区进行探索游玩的同时，也需要做好安全防护措施，否则极易发生意外。

图 7-19　户外旅行

知识要点

一、山地旅游（图 7-20）

（1）在登山前，应该充分了解所涉及的山峰，并且寻求有经验者的指引，以确保不会迷失方向。

（2）进行山地旅游时，如果不幸被石头或树枝撞击，可以采取冷敷、止血包扎等紧急措施，以减轻伤势；但如果出现骨折或头部受重撞后发生呕吐等症状，则可能危及生命，应立即将患者送往医院接受治疗。

（3）在极端天气条件下，请尽量避免前往山区旅行。

图 7-20　山地旅游

二、高原旅游

（1）在进入高原之前，为了保证安全，建议进行全面的体检，并向专业医生咨询，以确保心脏、肺部、大脑、肝脏和肾脏的健康。

（2）一旦来到高原，请勿快速奔跑，或者进行剧烈的运动，而应该有半天的休整，第一天晚上应该及时入住酒店，以确保安全；同时，还应尽量打开窗户，让室外的新鲜空气流入，以便尽快进入梦乡。

（3）在抵达高原时，为了保护身体，应避免过量摄取食物，以减轻胃肠道的负担，从而努力让身体适应这种恶劣的气候。另外，还应尽量避免喝酒、抽烟。

（4）为了保持健康，应该经常吃一些富含维生素的新鲜蔬菜和水果。

（5）高原反应是常见的，其症状包括胸闷、气短、呼吸困难。若反应较轻，建议保持足够的休息，并适当锻炼。这些反应通常在一定的时期内就能得到缓解。但是，若反应严重，甚至影响到了正常的生活，建议患者前往医院接受进一步诊断。

（6）高原地区的气候变化极大，容易导致感冒，而感冒是急性高原肺水肿发生的主要原因。在高原地区，人们应该防止受凉，以免发生感染。

（7）在高原地区，为了防止高温造成的伤害，建议在进入高原的前两天服用一些常见的抗高温药物，以达到防护目的。

三、沙漠旅游（图 7-21）

（1）为了更好地体验美丽的沙漠，我们应该提前做好充分的准备，包括收集相关的信息（气候、土壤、水源、乡镇和交通状况）。我们应该认真考虑这些因素，并尽可能制订最佳的旅游计划。

（2）为了保护自己，应该注意保暖，并且避免暴露于风吹日晒的环境中。白天应该多喝水，并且涂抹防晒霜，并佩戴太阳眼镜和遮阳帽。当你在沙漠中旅游时，应该选择一双舒适的、吸汗的高帮运动鞋，以避免沙粒磨脚。

（3）如果在沙漠中迷失了方向，不要惊慌，要冷静地思考，并且做出准确的判断，如果无法判断，就停下来等待救援。

（4）当到沙漠后，如果遭遇沙暴，最好的办法就是通过视线来判断并尽量远离它，以免受伤，特别是一定不要去沙丘后面，因为那里可能出现沙暴，可能导致人死亡。

图 7-21 沙漠旅游

应对措施

户外旅行应做好以下应对措施：

（1）为了安全出行，应制订一份详尽的旅行计划，包括时间安排、路线规划、住宿安排、导游指南（书）、地图，以及需要乘坐的火车和轮渡的时间表，并准备必要的行装（如衣物、卫生用品等）。

（2）在外出旅行时，可以提前准备一些必需的药物，以应对可能发生的突发状况。

（3）请注意，旅行中可能会遇到一些危险的地方，如山坡、森林、峡谷和深渊。为了保证安全，请尽量与他人一起出行，避免单独冒险。

（4）要有礼貌讲文明。无论何时何地，我们都应该以礼貌的态度与他人相处，以谦虚的态度接受他人的批评，并自觉遵守公共秩序。

（5）旅游者应该尊重文物古迹，珍惜它们，保护它们，不要随意在景区或古迹上刻画或涂抹。

（6）作为一个多元文化的大陆，"入乡随俗"一词提醒人们，应该对少数民族的文化保持敬畏。因此，在前往这些少数民族聚集的地方时，一定要遵守规则，以免损害其文化的独特性。

练 习 与 思 考

1.若在雾霾天气出门，人们应该怎样做好防护？

2.当高温橙色预警发布后，人们应采取哪些措施预防？

3.龙卷风来临前有些什么预兆？人们应该如何防范？

4.在雷雨天气，人们应该怎样防雷电？

5.冻伤后，应该采取哪些措施？

6.暴风雪来临前，应该采取什么防御措施？

7.在户外遭遇冰雹时，该如何应对？

8.去山区旅游时，应该注意哪些事项？

9.地震有哪些前兆？我们应怎样防范？

10.遇到山体滑坡时应怎样避险？

11.户外旅行时，人们要注意哪些安全隐患？

职业安全 牢记于心　第八章

第一节　校内实训安全

案例导入

　　王某是某职业中学数控应用技术专业一年级学生。初入职校，王某对数车、数铣等形式丰富的机械实训课十分感兴趣，经过近一个月的学习，已经能较为熟练地进行车床操作，动手能力也常常受到任课教师的表扬，因此，王某逐渐开始骄傲。在一次数铣实训课中，王某为了向身边的同学炫耀自己的技术，趁实训教师指导他人操作之际，未按照实训工单的操作流程操作，在车床加工还未完全停止时便试图提前将产品取出，结果被车床打伤右手。后被鉴定为十级伤残（图8-1）。

图8-1　十级伤残

案例分析

　　校内实训是中职学生在校学习过程中不可或缺的部分，是促使学生将理论与实践相结合的关键部分，由于汽修、机械、电气信息等工科类专业的学生在实训时将面对各类机械设备，往往伴随一定的风险，因此规范操作就显得尤为重要（图8-2）。在该案例中王某因自以为是，违规操作造成右手十级伤残，虽然按伤残的严重程度属于最低等级，势必会给日后的生活、学习、工作造成不便。

图 8-2　规范操作

知识要点

实训教学是职业院校培养学生实践能力的重要环节，但是在实践中，各类安全事故时有发生，这不仅影响正常的教学进度，还严重威胁学生的人身安全，也会影响财产安全。为了消除这些安全隐患，同学们在遵守学校及专业实训教学规定的同时，更要加强自身的防范意识（图 8-3）并认识各种禁止标志（图 8-4），了解实训室常见的安全事故类型及其成因（表 8-1），进而避免实训室安全事故的发生。

图 8-3　加强防范意识

图 8-4　各种禁止标志

表 8-1 实训室常见安全事故类型及其成因

安全事故	发生原因
火灾	1. 未及时关闭电源，导致电器设备长时间通电发热，由于温度过高而起火。 2. 使用、操作不当，导致火源点燃易燃物起火。 3. 供电线路老化，超负荷运行，导致发热起火。 4. 携带流体饮品进入计算机和电器设备密集的实训室，液体流出，可能造成电路短路，导致火灾事故。 5. 乱扔烟头，使之接触易燃物，引起火灾
烫伤、灼伤	1. 操作不当或缺少防护导致烫伤、灼伤。 2. 违反操作规程或因设备设施老化，造成漏电或电弧火花灼伤。 3. 由于使用不当而造成高温气体、液体伤人
爆炸	1. 思想大意、操作不谨慎、违反操作规程，导致引燃易燃易爆物品，进而导致爆炸。 2. 因设备老化，存在故障或缺陷，造成易燃易爆物品泄漏，遇火花而发生爆炸
中毒	1. 违反操作规程，或操作不合理，造成误中毒。 2. 设备设施老化，存在问题未及时处理，造成有毒物质泄漏或有毒气体排放。 3. 由于疏忽大意、管理不善，造成有毒物质散落、流失
意外伤害	1. 穿着不符合规定的衣服、鞋进行实训，可能造成身体倾斜、滑倒等情况，甚至造成机械伤害。 2. 加工工件、工具、刀具等实训用品未及时整理，摆放杂乱且无固定和防倒措施，导致重物跌落
机械伤害	主要是指由于学生未在实训教师指导下进行了违规操作而导致实训设备对人造成的伤害

应对措施

1. 严格按照安全操作规程进行操作

（1）学生分组实训（验）前应认真检查本组仪器、设备及元器件状况，若发现缺损或异常现象，应立即报告指导教师或实训室管理人员处理。

（2）仪器设备如出现故障，应第一时间切断电源，保持现场并请指导老师处理。

（3）严禁带电接线或拆线等危险操作，使用电源时，必须先经指导老师检查线路后方可接通电源。严禁把仪器、配件、模块等带出实训室。

（4）实训结束后，应及时做好工位和室内的卫生工作，切断总电源。关好门窗，经指导教师检查合格后方可离开。

2. 防火、防爆炸

（1）学习消防知识，强化安全意识。熟悉实训楼的消防通道位置及其配备的消防器材，学会使用消防器材。

（2）实训室内的明火因实训需要使用，必须远离易燃易爆物品，使用中要时刻注意安全，用后及时灭掉火源。

（3）做实训时，不要将与实训无关的物品带进实训室，不要在实训室内存放易燃易爆品。保持实训室内外消防安全通道畅通，严禁占用走廊堆放物品。

（4）如进行可能发生爆炸的实训，须在特殊设计的防爆炸的地方进行，并注意避免发生爆炸物飞出伤人或飞到有危险品的地方。使用爆炸性物品时要避免撞击、震荡和摩擦。

（5）使用高压容器做实训，要严格检查，防止气体、液体泄漏。高压容器严禁暴晒，远离热源，容器充装不宜过满。

（6）散落的易燃易爆物品必须及时清理，含有燃烧、爆炸性物质的废料应妥善处理，不得随意丢弃。

3. 防触电、防辐射

（1）在实训前，要对各种电器设备和电气线路认真检查，确保绝缘性能良好，且让所有金属外壳接地。

（2）电线或电器出现破损要及时修复，以免由于导线裸露而使人触电。

（3）在实训中接触放射性物质时，应将放射性物品存放在防辐射箱内，使用完后必须及时入库保管。

4. 防创伤、防噪声

（1）在噪声较大的环境中进行实训时，应注意个人防护，如佩戴耳塞、耳罩、耳棉等。

（2）用钻孔器、针等处理物品时，不应用另一只手给物品当垫层，以免被机械击伤。

（3）在室外等地进行实地勘测等实训时，要严格按照指导教师的安排操作，严禁用实训器材开展一些与实训无关的活动。

（4）备好急救药品箱并在其中设置相关药品，以备急用。

练 习 与 思 考

有人认为，校内实训室都是经过严格安全检查的，在校内实训要求穿相应的实训服（图8-5）只是为了好看，并没有实际作用，可穿可不穿。你对此说法有什么意见吗？

图8-5　穿上实训服

第二节　校外实习安全

　　于某和马某是某职业中学机械专业三年级学生。在学校的统一安排下，二人来到了某机械压铸有限公司进行岗位实习，主要工作内容是用油压机压制一批铁板成型。企业指导老师按照要求对他们就岗位操作流程和注意事项进行了培训，并让他们在带班师傅的带领下上岗操作，且在操作过程中由一人操作，另一人监护，然后轮换进行。

　　二人实习一周后，觉得一人操作，另一人监护完全没有必要，反而影响任务完成进度，于是趁师傅外出之际悄悄分工，一人入料，另一人操作把手冲压，几次之后，两人觉得十分简单，便开始放松警惕。一次于某在放料时，马某正与他人交谈，未听清于某的指令就操作了压杆，导致于某的手骨折（图8-6）。

图8-6　由于操作失误而受伤

案例分析

　　在本案例中，于某和马某在岗位实习过程中因缺乏必要劳动安全意识，在企业带班师傅不知情的情况下，私自调整分工进行生产工作，缺乏必要的防护措施，进而导致操作失误，使于某遭受重大劳动伤害。

知识要点

　　岗位实习是职业学校人才培养过程中一个极为重要的实践教学环节，每名中职学生都应按照要求前往相应的企业完成实习任务。

实习过程中，劳动安全是学校、企业及学生家长关注的焦点，也是极易诱发学生实习伤害的风险点，关注劳动安全，是顺利开展实习工作的重中之重。

下面从中职学生角度出发，带领大家了解实习过程中诱发劳动安全事故的原因：

1. 意识不足，轻视培训

在学生参加岗位实习前，学校和企业都会按实习安全、操作流程、注意事项等对其进行系统培训。但在实际生活中，中职学生对此类培训并未引起足够重视，往往认为就是走走过场，十分缺乏劳动安全知识。

2. 盲目自大，违规操作

与校内在老师细致指导下操作教学设备完成固定实训不同，岗位实习因从事的是真实生产，操作风险大幅提升。加上中职学生大多性格活泼，个性较强，走上实习岗位，也新奇好胜，自信爆棚，常常出现自以为是的违规操作和私自换岗的违规行为，很容易引发伤害事故。

3. 缺乏自律，疲劳操作

相对于在学校学习，进行岗位实习和从事生产劳动更会使中职学生感到辛苦和枯燥，加之受年龄等因素的影响，又加上自我管控能力不强，在实习之余部分学生便会将大量时间用于娱乐活动，导致休息不足，出现疲劳上岗操作的现象，但在机器设备的操作过程中，也许稍不注意，就有可能引发严重的生产事故。

当然，除了劳动安全外，中职学生对实习过程中的交通安全、消防安全、财产安全、涉水安全、也应十分重视。

应对措施

（1）在进行岗位实习前，中职学生应认真参加学校和实习单位组织的各类实习安全培训，重点了解实习单位的安全生产制度、实习岗位的操作流程和注意事项，必须在进行充分的岗前培训后方可上岗实习（图8-7）。

图 8-7 学生岗前培训

（2）在实习过程中，中职学生应树立正确的专业操作意识和职业安全观，时刻注意自身劳动安全，在从事操作时，要在专人指导下按照操作流程规范操作，不懂的要及时请教企业指导老师，切不可违规操作。同时，还要注意作息，不能疲劳操作，避免劳动安全事故的发生。

（3）实习过程中，如遇劳动安全等突发情况或自身实习权益受损，要及时向企业指导老师和学校实习指导老师汇报，合理应对，切不可自己盲目处理。

（4）签订实习三方协议既是中职学生参加岗位实习的前提条件，也是中职学生在实习过程中应对各类事件、维护自身权益的重要保障。中职学生在参加岗位实习前，必须按照要求签订实习三方协议（图8-8）。履行实习义务是享受实习权利的前提，同学们也必须清楚认识实习过程中自己所享有的权利和义务。

图8-8　签订实习三方协议

练习与思考

1.参加岗位实习是中职学生向职业人过渡的重要阶段。有人认为，进行岗位实习并不是真正参加工作，熟悉岗位操作规程是今后的事，在岗位实习期间不必太在乎。你觉得这种想法正确吗？为什么？

2.在实习过程中，如遇实习单位给你安排了远远超出自身能力或不宜从事的岗位时，应该如何处理？

第三节　求职安全

　　李明（化名）为某职业高中会计专业毕业生，通过某招聘网站看到了一家人力资源公司（以下简称"A公司"）发布的几则会计招聘信息。见待遇很好，李明便与A公司取得了联系。

　　A公司表示，其主要业务就是为各大企业输送财务人员，但李明由于缺乏工作经验和资格证书，企业不会直接录用，要先参加岗前培训，培训合格后由公司直接安排到对应单位从事会计岗位，但9 600元的培训费需自理。对于即将中职毕业的李明来说，这不是笔小数目，她一时难以支付。这时，A公司为她提供了一种"解决方案"——向公司贷款，并表示考虑她初入社会，没有收入，前3个月的款项由公司预还，之后由本人定期偿还。李明犹豫再三，最终选择了A公司提供的方案，与A公司签订了培训就业协议和贷款协议，共贷款9 600元。

　　经过培训后，A公司将李明介绍到了合作对象B公司从事会计工作。B公司称需要经过一个月试用期才能和李明签订劳动合同。但仅过了半个月，B公司便以学历不达标为由将李明辞退。李明随即找到A公司说明情况。A公司表示，被辞退是其自身原因造成的，与公司无关，因为公司已履行了培训安置工作的承诺。

　　最终，李明不仅没能落实工作，还走上了还贷款的道路（图8-9）。

图8-9　注意求职安全

在该案例中，A公司的行为是典型的"培训贷"，即以高薪就业为诱饵，向毕业生承诺培训后包就业，但须借贷支付培训费。其不法行径之所以可以得逞，正是因为抓住了类似李明的部分中职学生缺乏社会经验的现实和好高骛远的心态。此类手法虽然低劣，却依然有不少人上当受骗，只因求职心切，被包就业、高薪等虚假宣传蒙蔽了双眼。因此，同学们毕业找工作应通过正规渠道，多与家长和老师交流，避免通过不明来历的人力资源公司、求职网站等求职，以免受骗。

知识要点

在求职过程中，中职学生因社会经历缺乏，没有树立正确的择业观和就业观，会被一些不法分子挖"坑"设陷，利用"高薪低门槛""付费内推""培训就业"等手段诈骗钱财，甚至由于被人误导而从事传销、信息网络犯罪等违法活动（图8-10）。下面介绍一些常见的求职陷阱。

图8-10　小心求职骗局

1. 黑中介

"黑中介"是指非法机构以介绍工作为名，向求职者收取高额中介费，却找借口拖延或直接不履行合同。

2. 乱收费

"乱收费"是指用人单位或中介机构以用工为名收取报名费、体检费、培训费、押金、岗位稳定金、资料审核费、服装费等费用，再以各种理由拒绝毕业生入职或中途将其辞退。

3. 培训贷

"培训贷"是指某些机构以高薪就业为诱饵，向毕业生承诺培训后包就业，但须用借贷的方式支付培训费。个别公司的员工甚至手把手指导毕业生使用贷款软件。

4. 付费实习

"付费实习"是指某些机构向毕业生承诺提供高薪行业实习岗位，实习后可就业但毕业生须缴纳相关服务费用。

5. 非法传销

"非法传销"是指组织者通过发展人员，要求其以购买商品等方式，谋取非法利益。一些短视频平台中存在所谓"校园创业"的视频账号，吸引中职学生加盟，实际目的是不断发展下线并收取相关费用。

6. 剥削严重的单位

有的单位按照项目签合同，结果合同约定试用期，只给很少的一点津贴，等试用期结束，项目也结束了，榨取了实习学生的大部分价值。另外，若签的合同有效期为1年，仅试用期就有6个月，这严重违反了相关规定。

在我国，依法签订劳动合同，是确立劳动关系的标志。但是在现实生活中，用人单位与劳动者达成口头协议而忽视签订劳动合同的现象屡见不鲜，用人单位也经常以此为借口来随意辞退劳动者、克扣劳动者报酬，尤其是中职毕业生群体，由于法律意识淡薄、社会经历不足，更容易出现这种现象。

应对措施

1. 增强求职安全意识

积极参加学校组织的就业指导和安全教育课程，增强识别就业"陷阱"的意识与能力，自觉抵制诱惑，树立勤劳致富、拒绝传销的防范意识，不走所谓的"求职捷径"。

2. 注意保护个人信息安全

求职找工作，招聘方要求提供个人电子邮箱、电话之类的联系方式是正常的，但是身份证号码、家庭关系等情况，除非是特殊行业（政府或者涉密企业之类的），对于其他单位都不要轻易泄露，因为个人信息泄露可能导致盗刷信用卡、电信诈骗等问题的出现。

3. 使用正规求职渠道

中职毕业生可通过国家各级就业服务平台和校园招聘会等正规途径获取就业信息，尽量避免通过中介机构找工作。大家要谨记，找工作并不需要付费，对于将先交报名费、培训费等作为条件的面试，要谨慎对待。

4. 运用法律维护就业权益

了解学习与就业有关的法律知识，学会用法律维护自身权益，确定单位后一定要及时签订劳动合同，尤其警惕招聘方关于试用期的不合理规定，如在求职中确有遇到侵害本人合法权益的情况，要积极收集并留存有关证据并及时向学校求助或向公安机关报案。

练 习 与 思 考

职校生小敏在人才市场参加了一家建筑集团的招聘活动。为避免小敏以学校未发协议为由不签约，该集团拿出事先准备好的意向合同要求小敏当场签约。小敏在该单位的频繁催促下，随意签下了意向合同。

你如何看待小敏的行为？随意签订意向合同可能存在哪些风险？

第四节　职业病的防治

案例导入

　　老魏是某大型机械制造企业工程制造部的员工，从事铆焊工作已经11年，其工作场所是大车间。最近，老魏时常感觉耳膜震痛，且在与同事、朋友交谈时，听力明显下降。老魏前往医院进行职业健康体检，医生调取了其近5年的体检资料，发现他的听力测试结果异常，最终被诊断为职业性重度噪声耳聋。得知结果的老魏向所在企业索要工伤赔偿，但被该企业拒绝。该企业认为已经为工人提供了防噪耳塞，而老魏在工作时自己长期不戴防噪耳塞是导致耳聋的主要原因。老魏向当地相关部门寻求帮助。

　　在调查取证的过程中，工作人员发现老魏所在车间的工作噪声达到了103分贝，严重超过了《工业企业噪声卫生标准》中规定的85分贝（现有工业企业经过努力暂时达不到标准时，可适当放宽，但不得超过90分贝）的标准，而企业提供的防噪耳塞能起到降低噪声的效果，但不能完全消除噪声给工人带来的危害。因此，该企业对本次事件负主要责任，但老魏长期不按要求佩戴防噪耳塞的行为也是导致耳朵受损问题的原因，因此，也需要承担一部分责任（图8-11）。

图8-11　远离噪声污染

在该案例中，老魏的职业性重度噪声耳聋，主要是由于企业环境中的噪声超标导致，但自身疏于防护也是产生原因之一。劳动者在工厂等噪声嘈杂的环境中，一定要做好防护措施（图8-12），当出现以下情况时，应怀疑听力受到损害并及时就诊：下班后耳朵仍有嗡嗡声；与别人交谈时，觉得声音变小或听不清楚；别人发现你说话声音变大；听不到门铃或电话声；习惯把电视或收音机的音量调得很大。

图8-12　做好防护措施

知识要点

职业病是指企业的劳动者在职业活动中，因接触粉尘、放射性物质和其他有毒、有害物质等因素而引起的疾病（图8-13）。

图8-13　职业病

职业病危害是指对从事职业活动的劳动者可能导致职业病的各种危害。职业病危害因素包括职业活动中存在的各种有害化学、物理、生物因素以及在过程中产生的其他职业有害因素。

《职业病分类和目录》将职业病分为 10 大类，共 132 种。

（可扫码详细了解《职业病分类和目录》）

根据工作现场的具体情况确定的职业危害为 4 大类。

（1）生产性粉尘的危害：在建筑行业施工中，材料的搬运使用、石材的加工、建筑物的拆除，均可产生大量的矿物性粉尘，长期吸入这样的粉尘可能引发硅肺病。

（2）焊接作业产生的金属烟雾危害：在焊接作业时可产生多种有害烟雾物质，如电气焊时使用锰焊条，除可以产生锰尘外，还可以产生锰烟、氟化物、臭氧及一氧化碳，长期吸入可导致电气工人尘肺及慢性中毒。

（3）生产性噪声和局部震动危害：建筑和机电行业施工中使用的机械工具，如钻孔机、电锯、震捣器及一些动力机械都可以产生较强的噪声和局部的震动，长期接触噪声可损害职工的听力，严重时可导致噪声性耳聋；长期接触震动能损害手的功能，严重时可导致人患局部震动病。

（4）高温作业危害：长期的高温作业可引起人体电解质紊乱，损害中枢神经系统，并造成人体虚脱，昏迷甚至中暑、休克、热射病，易造成事故。

应对措施

企业在职业病的防治方面要坚持预防为主、防治结合的方针（图 8-14），为施工现场作业人员创造符合国家职业卫生标准和卫生要求的工作环境和条件，并采取措施，以保障施工现场作业人员获得足够的职业卫生保护。

作业场所防护措施有以下几种。

（1）在确定的职业危害作业场所的醒目位

图 8-15　职业病的预防

171

置，设置职业病危害告知警示标志。

（2）施工现场在进行石材切割加工、建筑物拆除等有大量粉尘作业时，应配备行之有效的降尘设施和设备，对施工地点和施工机械进行降尘。

（3）在封闭的作业场所进行施工作业时，要采取强制性通风措施，配备行之有效的通风设备进行通风，并派专人进行巡视。

（4）对从事高危职业危害作业的人员，工作时间应严格加以控制，并配备有针对性的急救措施。

个人防护措施有以下几种。

（1）自觉参加职业病危害教育，提高对职业病危害的认识，了解其危害，掌握职业病防治的方法。

（2）在封闭场所作业时，施工人员应严格按照操作规程进行施工，施工前要检查作业场所的通风是否畅通，通风设施是否运转正常。作业人员在施工作业中要正确佩戴防毒口罩。

（3）电气焊作业操作人员在施工中应注意施工作业环境的通风或设置局部排烟设备，使作业场所空气中的有害物质浓度控制在国家卫生标准之下，当在难以改善通风条件的作业环境中操作时，必须佩戴有效的防毒面具和防毒口罩。

（4）进行噪声较大的施工作业时，施工人员要正确佩戴防护耳罩，并减少噪声作业的时间。

（5）长期从事高温作业的施工人员应减少工作时间，注意休息，保证饮水充足，并穿戴好防护用品。

练 习 与 思 考

1. 结合自身所学专业，了解本专业今后对应的岗位可能出现的职业病。

2.有的同学认为，预防职业病是步入工作岗位之后才会发生的事（图8-15），读书时不用考虑。针对这种观点，你是如何看待的？

图 8-15　职业健康培训

国家安全　不容侵犯 第九章

第一节　树立总体国家安全观

案例 1：2014 年 3 月 1 日 21 时 20 分，新疆分裂势力在云南省昆明市昆明火车站策划了一起严重暴力恐怖事件，导致 31 人死亡，141 人受伤，其中 40 人重伤。该团伙共有 8 人（6 男 2 女）抗拒抓捕，当场被民警击毙 4 人、击伤并抓获 1 人（女），其余 3 人随后落网。

案例 2：2014 年 5 月 22 日 7 时 50 分许，新疆乌鲁木齐市沙依巴克区公园北街早市发生一起爆炸案。当时，暴徒驾驶两辆无牌汽车冲破防护隔离铁栏，冲撞、碾压人群，引爆爆炸装置。案件共造成 39 名无辜群众遇难，94 人受伤。该暴恐团伙共有 5 名成员，4 名现场实施犯罪的暴徒当场被炸死，参与策划的另 1 名暴力恐怖团伙成员于 5 月 22 日晚在新疆巴州被抓获。

案例分析

暴力恐怖事件的危害已不仅仅在于滥杀无辜，其对人们产生的心理冲击也是巨大的。新疆暴恐事件是有组织、有预谋、精心策划、突然实施、性质极其恶劣的严重暴力恐怖案件。暴徒气焰嚣张、手段残忍、丧尽天良，再一次暴露了其反人类、反社会的罪恶本质。暴徒令人发指的罪行，攻击、损害了包括我国各族群众在内的广大人民的基本

感情和人伦底线，侵犯、挑战的是国家法治精神和社会公序良俗的价值尊严，是任何一个现代国家和文明社会都决不能容忍的卑鄙行径，必须给予最严厉的谴责和打击。对于涉及暴恐事件的线索和可疑情况，我们千万不要心存侥幸，认为与自己无关，应及时上报，做到早发现、早报告、早预防、早处置，共同维护祖国的和平。

知识要点

国家安全和社会稳定是关系一个国家生存与发展的基本问题。自改革开放以来，我国的国际地位不断提高，国家安全和社会稳定的环境在总体上得到了大幅改善，但是在新形势下，也面临着许多新的国家安全和社会稳定问题。有国家就有国家安全工作，无论处于什么社会形态，或者实行怎样的社会制度，都会视国家利益为最高、最根本的利益，将维护国家安全列为首要任务。因此，我们应当成为国家安全和利益的自觉维护者。

一、总体国家安全观的提出

为加强全国人民的安全意识，积极维护国家安全，2015 年 7 月 1 日，第十二届全国人大常委会第十五次会议通过《国家安全法》，将每年的 4 月 15 日定为全民国家安全教育日。

二、国家安全的定义

《国家安全法》第一章第二条规定："国家安全是指国家政权、主权、统一和领土完整、人民福祉、经济社会可持续发展和国家其他重大利益相对处于没有危险和不受内外威胁的状态，以及保障持续安全状态的能力。"

三、总体国家安全观的核心要义

总体国家安全观是一个内容丰富、开放包容、不断发展的思想体系，其核心要义可以概括为五大要素和五对关系。

（1）五大要素：以人民安全为宗旨；以政治安全为根本；以经济安全为基础；以军事、文化、社会安全为保障；以促进国际安全为依托。

（2）五对关系：既重视外部安全，又重视内部安全；既重视国土安全，又重视国民安全；既重视传统安全，又重视非传统安全；既重视发展问题，又重视安全问题；既重视自身安全，又重视共同安全。

四、总体国家安全观涵盖领域

我国国家安全涵盖的领域，既包括政治安全、国土安全、军事安全等传统安全领域，也包括经济安全、文化安全、社会安全、科技安全、网络安全、生态安全、资源安全、核安全、海外利益安全和生物安全等非传统领域，乃至太空、深海、极地等新型安全领域。

五、与国家安全密切相关的法律法规

相关法律法规包括《宪法》《刑法》《国家安全法》《反间谍法》《反恐怖主义法》《境外非政府组织境内活动管理法》《网络安全法》《国家情报法》《核安全法》《反分裂国家法》等。

应对措施

一、知晓常见的恐怖袭击手段

（1）常规手段（图9-1）：袭击（爆炸、枪击）；劫持；纵火。
（2）非常规手段：核辐射恐怖袭击；生化恐怖袭击；网络恐怖袭击活动。

图9-1　恐怖袭击的常规手段

二、如何识别恐怖嫌疑人

（1）神情恐慌、言行异常者（图9-2）。

（2）着装、携带物品与其身份、季节不符者。

（3）冒充熟人、假献殷勤者。

（4）在检查中，不断催促或态度蛮横、不愿接受检查者。

（5）频繁进出大型活动场所者（图9-3）。

（6）反复在警戒区附近出现者。

（7）疑似公安部门通报的嫌疑人员。

图9-2　神情恐慌、言行异常者

图9-3　频繁进出大型活动场所者

三、如何识别可疑车辆

1. 状态异常

车辆结合部位及边角外部的车漆颜色与车辆颜色是否一致、确定车辆是否改色；车的门锁、车窗玻璃是否有撬压破损痕迹；如车灯是否破损或被异物填塞，车体表面是否附有异常导线或细绳。

2. 车辆停留异常

车辆违反规定，停留在水、电、气等重要设施附近（图9-4）或人员密集场所。

3. 车内人员异常

如在检查过程中，驾驶员神色惊慌、催促检查或态度蛮横、不愿接受检查；发现警察后开车躲避的（图9-5）。

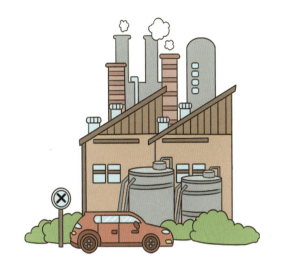

图 9-4　车辆停留在重要设施附近

图 9-5　驾驶员神色惊慌

4. 车内物品异常

车内装载物品属于易燃易爆、易挥发、易腐蚀等危险品，车内装有大量管制刀具，物品包装异常等。

四、识别可疑爆炸物

（1）在不触及可疑物的前提下，一看、二听、三嗅，即观察其有无暗藏爆炸装置；听其有无异常声响；闻其有无异味，如有臭鸡蛋味可能是黑火药，如有强烈氨水味可能是自制硝铵炸药。

（2）可疑爆炸物可能放在标志性建筑物内外或附近；重大活动场合、人口聚集场所；宾馆饭店等易隐藏易进出的地点；交通工具上；易于接近且能实现爆炸目的的地点。

五、遭遇爆炸事故的解决方法（图9-6）

（1）镇静，尽快撤离，避免进入有易燃易爆品的危险地点。

（2）寻找有利地形隐藏。

（3）实施自救和互救。

（4）不要因顾及贵重物品而浪费逃生时间。

（5）迅速报警。

（6）按照指挥及时撤离现场，如果现实条件不允许，则原地卧倒，等待救援。

（7）协助警方调查。

图 9-6　遭遇爆炸事故的解决方法

六、被恐怖分子劫持的解决方法

（1）保持冷静，不要反抗，相信警方。

（2）不对视，不对话，动作缓慢。

（3）尽可能保留和隐藏自己的通信工具，及时把手机改为静音，适时用短信等方式向警方求救，短信主要内容包括自己所在位置、人质人数、恐怖分子人数等。

（4）注意观察恐怖分子人数、头领。

（5）在警方发起突击的瞬间，尽可能趴在地上，在警方掩护下脱离现场。

练 习 与 思 考

1.为什么说国家安全是人民幸福安康的前提？

2.为什么说国家安全是国家生存与发展的重要保障？

第二节　维护国家安全 做遵纪守法好公民

案例导入

案例1："90后"逯某是一名摄影爱好者，也是一名军事迷。由于住处附近有一个军用机场，每当战斗机在天空中飞行时，逯某就拍摄下来发到微博上和朋友圈里，并将照片在网络上出售给国外网友来获取报酬。

案例2：某外国语学院大学生吕某学习非常努力，经常与外教玛丽交流，而玛丽也对她特别关照。在玛丽的引导下，吕某将父亲的科研资料拿来翻译，并交给外教评判。父亲知道后非常生气，严厉地批评了吕某，并带着吕某向国家安全机关反映此情况。经过调查，相关工作人员证实了玛丽以外教身份收集我国科研情报的违法事实。

案例分析

以上案例中涉案人员的国家安全相关知识缺乏，保密意识淡薄，往往会带来意想不到的后果。中职学生相对来说更加缺乏这方面的经验，不能很好地判断是非曲直，容易被他人利用，在无意识的状态下泄密。

知识要点

国家安全不是遥远的"谍战片"，而是与每个人的生活息息相关的，近在咫尺。在维护国家安全上，人人都不是局外人，不仅人人有责，更应人人尽责。

一、危害国家安全的行为

（1）阴谋颠覆政府，分裂国家，推翻社会主义制度的。

（2）参加间谍组织或者接受间谍组织及其代理人任务的。

（3）窃取、刺探、收买、非法提供国家秘密的。

（4）策划、勾引、收买国家工作人员让其叛变的。

（5）进行危害国家安全的其他破坏活动的。

二、境外情报机构窃取我国秘密，危害我国安全的手段

1. 间谍常用窃密方式

（1）派遣入境：这是境外间谍情报机关常用手法，他们以各种身份和名义，通过多种渠道，以公开掩护秘密、合法掩护非法等方式，派遣制内人员入境开展间谍活动。

（2）实地窃取：境外间谍针对我国地理信息、水文、土壤、地质等标本以及农林牧渔优良品种、传统生产工艺等，通过直接入境或运用往来人员实地窃取。

（3）网络窃密：境外间谍情报机关利用其互联网技术优势，采用黑客的方式，通过互联网窃取我国国家秘密。

（4）技术窃密：境外间谍情报机关利用设备，如在大型挖掘设备中装入信息采集功能的远程监控系统等，对我国家秘密实施窃取。

（5）布建"观察哨"：境外间谍情报机关以军事目标区为重点，以酒店、宾馆、工厂等为掩护，实地观察我国军事目标，攀拉我国内部人员。

2. 渗透策反手法

（1）金钱收买：这种传统的手段至今仍然发挥重要作用。例如，广东某海事学校的徐某因为家庭经济困难，在网上发布了"寻求学费资助 2 000 元"的信息，即在网络上被境外间谍情报机关盯住，在境外间谍金钱的诱惑收买下，被策反，成为间谍。

（2）美色诱惑：这是境外间谍情报机关的惯用手法，其目标主要是我国驻外机构人员和出访团组。间谍情报机关会主动诱惑出访团组成员前往复杂场所嫖娼赌博，积累证据甚至通过现场抓把柄等方式突击策反。

（3）威逼胁迫：这是境外间谍情报机关利用我国赴外留学、从商人员对新环境的陌生感及心理孤独、不愿意"惹事"等心理特点，综合运用社会、经济、文化等管理手段，或采取合作经商、设置障碍、栽赃陷害等多种方式达到策反的目的。

（4）感情拉拢：这是境外间谍情报机关的基本手法，特别是针对在境外的我国留

学生，境外间谍情报机关往往从关心生活、学习开始，施以小恩小惠，有时甚至会主动制造"事端"，再"出手"解决"事端"，从而达到增进感情的目的。

（5）从亲近的人入手：境外间谍情报机关或其运用人员往往从身边最亲近、最熟悉的人入手进行策反。例如，作为某涉密科研单位工作人员的黄某，在自身参加间谍组织、出卖国家科研秘密后，又把盯上了其妻子和姐夫，并利用同事关系，向单位同事打探单位科研秘密，窃取保密资料。

（6）网络勾连策反：境外间谍情报机关充分利用网络技术，以美女、记者、市场调查公司等名义，伪造地理信息，通过微信、QQ、微博等，与军事目标区周边居民、涉密单位人员攀拉关系，在互不见面的情况下，以极低经济报酬搜集我国军事目标调动的真实情况以及我国内部资料。

（7）利用"民族认同"渗透策反：某些国家的间谍情报机关往往将与其国主体民族相一致的我国少数民族公民作为重点发展对象，以"民族认同"为切入点开展策反活动。

反间谍斗争是一场暗战，境外的间谍机构总是采用逐步渗透的手段，来对我们进行破坏，危险就潜伏在你我身边。只有提高法治意识，警惕网络陷阱，不为金钱和贪欲所控制，坚守底线，才能更好地维护国家安全和自身利益。

应对措施

作为中职学生，应注意维护国家安全，要时刻保持警惕，时刻注意自己的一言一行，避免造成严重的后果。

若要维护国家安全，应该做到八个"不"。

1. 照片不任意拍（图9-7）

不能在军事基地、军用港口等地未经允许拍照，更不要在朋友圈分享部队训练、武器装备、军人的军装照等。

图9-7　照片不任意拍

2.车队不随意插（图9-8）

驾车外出时，若遇到军车驶过，不要穿插车队，更不要跟踪拍摄。

图9-8　车队不随意插

3.工作不盲目干

在工作中不要出现可能泄露国家机密的行为，如提供涉密单位尚未公开的内部信息，或者利用工作之便拍摄涉军照片牟利等。

4.计算机内外网不混用（图9-9）

不要在内网专用计算机上使用无线网卡、无线鼠标、无线键盘等无线设备，以及外单位的存储介质，还要记得及时更新杀毒软件。

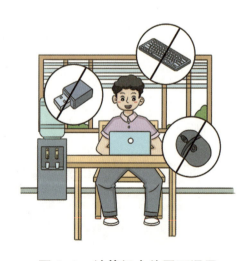

图9-9　计算机内外网不混用

5. 行李箱不胡乱装（图9-10）

行李箱中不要装有国外的水果蔬菜，不要带回异国他乡的土壤，也不要带回动物标本……因为这些都可能对国家生态安全造成威胁。

图9-10　行李箱不胡乱装

6. 物品不随便买卖（图9-11）

不能非法购买或出售卫星数据接收卡、无线摄像笔、实时视频无线监控器、GPS跟踪定位器、钥匙扣密拍器等专用间谍器材。

图9-11　物品不随便买卖

7. 信息不非法传播

不参与出版和传播政治性非法出版物，不利用电子邮件、电子论坛等网络传播途径美化西方社会，诋毁我国形象。

8. 发现可疑线索不隐瞒（图 9-12）

任何组织和个人发现危害国家安全的情况和线索，均可以拨打国家安全机关受理公民和组织举报电话"12339"。

图 9-12　发现可疑线索不隐瞒

作为中职学生，我们要切实肩负起维护国家安全的责任感与使命感，时刻保持"只争朝夕、不负韶华"的昂扬斗志，始终与祖国同步伐、与人民共患难，为维护国家安全贡献力量。

练 习 与 思 考

1. 日常工作、生活中的哪些不当行为会危害国家安全？

2. 我们可以通过哪些方式为维护国家安全？